# 人力资源管理理论与实务

王小华　　王志君　　付广霞◎著

吉林人民出版社

**图书在版编目（CIP）数据**

人力资源管理理论与实务 / 王小华，王志君，付广
霞著 . -- 长春：吉林人民出版社，2024. 9. -- ISBN
978-7-206-21448-6

Ⅰ . F243

中国国家版本馆 CIP 数据核字第 2024BP0429 号

责任编辑：王　斌
封面设计：王　洋

# 人力资源管理理论与实务
RENLI ZIYUAN GUANLI LILUN YU SHIWU

著　　者：王小华　王志君　付广霞
出版发行：吉林人民出版社（长春市人民大街 7548 号　邮政编码：130022）
咨询电话：0431-82955711
印　　刷：三河市金泰源印务有限公司
开　　本：787mm×1092mm　　1/16
印　　张：10　　　　　　　字　　数：100 千字
标准书号：ISBN 978-7-206-21448-6
版　　次：2024 年 9 月第 1 版　印　　次：2024 年 9 月第 1 次印刷
定　　价：68.00 元

如发现印装质量问题，影响阅读，请与出版社联系调换。

# 前　言

步入 21 世纪，哪个因素最为关键？无疑是人才。如今，世界各国已深刻认识到人才的价值，竞相出台各种政策吸引并培育人才，旨在抢占未来发展高地。对企业而言，人才的地位同样举足轻重。在企业的众多资源中，人力资源无疑占据着独一无二且至关重要的位置。人力资源不仅是企业生存的基石，还是推动企业发展的引擎，尤其是在创新驱动的今天，人才更是企业创新的灵魂。可以说，人力资源直接关乎现代企业的兴衰成败。

人力资源管理作为配置与提升人力资源效能的关键工具，对现代企业而言意义重大。有效的人力资源管理是企业获取高质量人才、确保持续发展的基石。要想在这一领域取得佳绩，首要任务是对现代企业人力资源管理理论体系有深入的理解和掌握。在当今这个变化莫测的时代，知识迭代加速，人力资源管理也在不断创新与进化，这一趋势将持续下去，既是时代的呼唤，也是企业成长的必然选择。

现代企业人力资源管理理论体系庞大，并且处于持续演进的状态。然而，为了实现企业的成长与革新，我们必须全力以赴地优化人力资源管理实践。基于现代企业人力资源管理的现状与需求，本书旨在深化理论研究，为企业的实际操作提供指导与启发。

在编写本书过程中，我们广泛参考并汲取了大量相关文献的精华，对此，向各位文献作者致以诚挚的谢意；同时，要感谢那些在本书创作期间给予我们无私帮助与支持的亲朋好友。基于个人能力和精力的局限，书中可能存在不尽如人意之处，您的批评与指正将是我们不断进步的源泉，对此，我们将深感荣幸。

# 目　录

# 第一章 人力资源规划

## 第一节 人力资源规划概述

### 一、人力资源规划的含义及其意义

要保障企业人力资源管理体系的健康运行，精心的人力资源规划不可或缺，它是实现组织目标的基石，如果没有周密的规划，人力资源管理的有效性将大打折扣。

（一）人力资源规划的含义

人力资源规划，又称为"人力资源策略制定"，是指企业为达成其预定的目标与使命，基于当前的人力资源状态及内外环境因素，采用系统化、科学化的手段，对将来所需人力的数量与素质进行前瞻性的分析与预期。通过制定一系列具体的人力资源管理措施，旨在为企业愿景的实现与长期发展提供坚实的人才支撑。

对于人力资源规划的内涵，要深刻领会其核心，需要掌握以下三大关键点。

一是企业的人力资源规划应植根其发展战略与运营蓝图之中。

作为企业管理体系的关键组成部分，人力资源管理承担着为公司成长输送人才的重任，故而，规划工作务必紧密贴合企业最高层的战略愿景，确保人才储备与业务拓展同频共振。

二是人力资源规划的核心职责聚焦双轨并行。

（1）需要精准预估企业在特定时段内的人力供需态势。

（2）依据预判情报，设计并实施均衡策略，确保在恰当时刻招揽到合适人选，优化人力资源布局，力求组织效能最大化，同时平衡组织目标与员工福祉，从而达到双赢局面。

（3）在评估企业人力资源的供需状况时，应兼顾规模与品质两大维度。这意味着除了保证人才数量上的供需平衡，还应注重人员能力与岗位需求的精确对接，在质与量、结构层面实现无缝契合，以构建高效稳定的人才生态。

（二）人力资源规划的意义

人力资源规划在人力资源管理领域占据着至关重要的地位，它不仅具备深远的战略视野、宏观的调控能力和前瞻性的布局思维，而且是推动各职能环节有序运行的关键驱动力，它犹如一座桥梁，串联起人力资源管理的各项功能，对组织的成长与壮大起着不可估量的作用。

（1）促进组织清晰规划并执行战略任务。

（2）保障组织人力资源稳定，灵活应对发展需求，实现人与岗位的完美匹配。

（3）优化人力资源配置，降低成本，提高组织效益与市场竞争力。

（4）激发员工潜能，增强其工作热情与创新能力。

（5）为招聘、培训、职业规划等人力资源管理政策的制定与实施提供有力支持。

## 二、人力资源规划的内容

人力资源规划涵盖了全面规划与专项业务规划两个层面，其架构严谨而周全。全面规划聚焦设定总体目标及配套阐释、确立核心政策及解析、细化实施方案的阶段划分以及相关的财务预算安排；而专项业务规划则具体到人才招募的策略布局、教育与培训的体系开发、员工配置与晋升路径的设计、薪酬福利与激励机制的优化，以及退休与离职流程的妥善规划等方面。

（一）人力资源的总体规划

人力资源的总体规划不仅提炼勾勒了机构长远发展的核心目标与纲领性政策，还详尽阐述了达成这些目标的战略步骤，明确了各阶段任务执行的准则、配套政策，以及相应的财务预算，从而赋予全体成员对于整体人力资源蓝图的深刻认知与全景视野。

（二）人力资源规划的各项具体业务方案

人力资源规划的各项具体业务方案，构成了实现总体规划的关键支柱。人力资源规划的业务方案涵盖以下五个方面。

（1）招聘规划，旨在填补职位空缺，确保企业人力资源的数量、质量、结构及层次需求得到满足，优化人员构成，提升员工绩效，支撑组织持续发展。

（2）教育培训规划，通过设计培训项目，旨在提升员工的专业素养、技能水平和职业态度，为组织发展注入活力。

（3）职业发展路径规划，依据组织需求与人员现状，规划员工的职业晋升与发展路径，为员工提供成长的舞台，同时激发其潜能，实现个人与组织双赢。

（4）薪酬激励方案，构建具有激励性与挑战性的薪酬体系，旨在合理控制人工成本，同时激发员工的工作热情与创造力。

（5）退休与人才优化方案，精准掌握退休员工情况，及时优化团队结构，确保人力资源的动态平衡，满足组织持续发展的需求。

## 三、人力资源规划的类型

按照对人力资源规划进行分类的准则，我们可以辨识出三种独特的人力资源规划形态。

### （一）依据规划的独立性划分

依据人力资源规划是否独立操作，我们可以将其划分为两大类：专门型人力资源规划和整合型人力资源规划。专门型人力资源规划视人力资源规划为一项核心任务，通过专门的流程和团队来完成，最终生成一份详尽的、独立的人力资源规划报告，这一过程与生产、研发等部门的战略规划相似，体现了专业性和深度。相比之下，整合型人力资源规划将人力资源的考量融合在企业的整体战略规划之中，不单独设立规划流程，其结果也不以独立文件的形式呈现，内容相对简洁，更侧重与公司整体目标的协同。

（二）依据规划的范围大小划分

依据人力资源规划覆盖的范围大小，可将其划分为组织级人力资源规划与部门级人力资源规划两种。组织级的人力资源规划着眼全局，涵盖了企业内部所有部门的人员需求与管理策略，旨在实现整体协调与优化。而部门级的人力资源规划则专注特定部门内部的人员配置与发展规划，服务该部门的特定目标与需求。

（三）依据规划的时间长短划分

从时间跨度的角度来看，人力资源规划可划分为短期规划、中期规划与长期规划三个层次。短期规划通常聚焦一年内的目标，特点在于目标清晰、内容具体、易于操作，是直接指导日常人力资源管理活动的基础；中期规划覆盖1~5年的范围，具备更强的指导性和灵活性，为组织提供了更长远的人员发展蓝图；长期规划指向五年以上的展望，鉴于未来不确定性较高，此类规划更倾向战略指导性质，需要在实施过程中根据外部环境与内部条件的变化进行适时调整，具有鲜明的前瞻性和适应性特征。

## 四、人力资源规划与人力资源管理及其职能模块的关系

人力资源规划是将企业的战略目标具象化为实际人力需求的过程，它从全局、前瞻和定量的角度明确人力资源管理的特定与阶段目标。

人力资源规划以企业战略为导向，聚焦预测未来人力资源的供需，旨在维持供需的动态平衡。它围绕规划周期内人力资源管理的基本政策、具体目标和关键举措展开，是连接企业战略与日常人力资源操作的桥梁，与招聘、培训、绩效等人力资源管理的其他核心功能紧密相连。

（一）人力资源规划与员工招聘的关系

人力资源规划直接影响员工招聘，当预测显示人力资源供给不足，内部资源又不足以填补缺口时，外部招聘便成为必要之举。人力资源规划的结论是决定招聘规模与人才质量的关键参照。

（二）人力资源规划与员工配置的关系

当企业面临规模变动、架构调整或员工绩效提升的情境时，内部的人才调配与晋升就显得尤为重要，旨在优化人力资源布局。一旦人力资源需求的预测完成，即可依据预测数据与当前员工情况，制定针对性的配置方案，调整内部人力结构，确保供需匹配，实现均衡状态。

（三）人力资源规划与员工培训的关系

组织培训的首要任务是明确培训需求，这主要依赖供求预测的结果。通过对比当前员工能力与岗位所需能力的差距，我们可以精准地识别出培训需求，进而通过培训提升内部人才的质量。

（四）人力资源规划与员工解聘辞退的关系

在人力资源规划与员工流动管理方面，当组织发现长期内部供给超出需求时，为了维持供需平衡，往往会采取解聘或辞退部分员工的方式。人力资源规划与员工解聘辞退的关系直接且显著，是组织进行人力资源调整的重要手段。

（五）人力资源规划与绩效管理的关系

在人力资源规划中，绩效考核是预测供需的核心依据。它评估员工的工作表现、态度和能力，以确定其是否满足岗位要求。若员工不能胜任，则需调整由此产生的岗位空缺成为需求预测的一部分。同时，绩效考核还能识别出适合特定岗位的内部人才，为供给预测提供关键信息。

（六）人力资源规划与薪酬管理的关系

人力资源需求预测的结果对制订薪酬计划至关重要。一方面，它帮助组织基于未来人员结构和薪酬政策预测薪酬总额，并据此调整薪酬结构和水平；另一方面，组织的薪酬政策是吸引人才、影响供需预测的重要因素。有竞争力的薪酬制度能显著提升内外部人力资源的供给。

## 五、影响人力资源规划的因素

### （一）宏观经济环境剧变

宏观经济环境的剧变是指国内外经济格局经历的深刻转型与突发性重大变动，诸如我国由计划经济体制向市场经济体制的根本性转型，以及 2008 年国际金融危机的冲击，这些事件均标志着经济的剧烈波动。

### （二）组织管理层变更

组织管理层的更迭是指高层领导团队的变动，这一变动如同舵手易位，往往导致组织战略方向的调整与重塑，进而连锁反应至人力资源规划上，要求组织重新布局人才战略，以适应新的发展方向。

### （三）政府的政策法规

政府的政策法规作为调控社会经济活动的重要手段，会根据国内外形势的变迁、社会发展的需要而不断进行调整，包括新政策的制定与出台、现有政策的修订与完善，乃至过时政策的废止。比如，《最低工资规定》自 2004 年 3 月 1 日起的正式实施到《中华人民共和国劳动合同法》与《中华人民共和国就业促进法》于 2008 年 1 月 1 日的同步启动，以及"五险一金"制度的逐步完善与落实等均是对组织人力资源规划产生深远影响的政策举措。

（四）技术创新换代

技术创新换代升级是市场竞争激烈碰撞下催生的新产物，这些新技术的不断涌现与广泛应用深刻重塑了组织内部人力资源的供需格局，进而对人力资源规划产生深远影响。比如，电脑的普及与互联网的兴起彻底革新了企业的运营模式与生产效率。现今，随着"互联网＋"、物联网、大数据浪潮的席卷，以及新材料、新能源技术的蓬勃发展，企业的人力资源规划正面临着前所未有的变革与挑战。

（五）企业的生产经营状况

企业的生产经营历程宛如一场跨越生命周期的旅行，从初创期的探索与尝试到成长期的快速扩张，再到成熟期的稳健前行，直至衰退期的转型或重组，每个阶段都伴随着不同的经营特征与需求，这也直接决定了人力资源规划需要因地制宜、灵活调整。

（六）组织人力资源部门人员的素质

一个组织的人力资源管理水平往往能从其人力资源部门人员的素质中窥见一斑。这些专业人员的素养不仅是制定科学合理人力资源规划的关键所在，还是确保规划得以有效执行与落地的核心驱动力。他们的能力与态度直接关联人力资源规划的实施效果，以及组织整体人力资源效能的发挥。

# 第二节　人力资源规划的基本程序

编制人力资源规划通常包括四大步骤：准备、预测、实施与评估。

## 一、准备阶段

在准备阶段，重点在于收集和审视各类信息，涵盖内外部环境详情及现有员工数据，以此夯实后续工作的根基。

（一）内部环境信息

内部环境信息的收集主要涵盖组织与管理两大维度：组织维度涉及企业发展战略规划、经营策略、技术革新与产品结构；管理维度则包括组织架构、企业文化氛围、管理风格与结构，以及人力资源管理的具体政策。

（二）外部环境信息

外部环境信息的收集则聚焦两大领域：一是对企业运营可能产生影响的宏观因素，如社会变迁、政治动态、经济趋势、文化环境及法律法规；二是直接关联人力资源供需的具体信息，如劳动力市场供需、政府就业与教育政策，以及竞争对手的人力资源战略。

（三）现有人力资源信息

现有人力资源信息的收集实际上是对人力资源的全面盘点，旨在精确了解现有人力资源的规模、素质、构成层次及发展潜力，具体包括员工个人背景、职业经历、教育水平、工作经验、业绩记录、能力评估及工作态度等方面。

## 二、预测阶段

基于全面而充分的信息掌握，我们需要选用高效的预测手段，精准预估组织在未来特定时间段内的人力资源供需状况。这一步是人力资源规划流程中的核心与难点，其准确性直接关系整个规划的成功与否。

## 三、实施阶段

完成供需预测后，我们会对比分析两者的差异，精确计算出各类人才的实际净需求。随后，依托人力资源的总体战略与具体业务规划，我们将设计并执行一系列策略，以平衡供需，确保企业的人力资源需求得到恰到好处的满足。这便是人力资源规划的终极目标所在。

## 四、评估阶段

评估人力资源规划的实施成效作为规划的收尾环节，其本质是一个灵活调整、持续优化的过程。这一过程涵盖两大核心方面：一是实时响应内外环境的变迁，灵活调整供需预测数值与平衡策略，确保规划的适应性与时效性；二是对预测精度与实施成效进行全面审视，评估其准确性与有效性，以此作为规划质量的双重检验。这样的评估机制不仅能直观展现规划执行的效果，还能通过收集与反馈，为未来人力资源规划的优化升级积累宝贵经验。

在进行此类评估时，需要特别注意以下八个关键问题。

（1）评估预测基础信息的优劣，包括其质量、覆盖广度、详尽程度、可信度，以及可能存在的误差及其根源。

（2）分析预测因素与人力需求之间的关联度，并考查所选预测方法是否适合特定的时间框架、应用范围、对象特性及数据类型。

（3）审视人力资源规划者对人事问题的了解深度及其投入程度。

（4）考察人力资源部门与其他关键部门（如生产、财务、销售）之间的协作关系。

（5）评估各部门间信息流通的顺畅程度与效率。

（6）衡量决策者采纳人力资源规划预测结果、行动方案及建议的程度。

（7）探究人力资源规划在决策者心目中的重要性及价值认知。

（8）分析规划实施的现实可行性与可操作性。

在编制人力资源规划时，需要着重关注以下八点。

（1）明确规划覆盖的时间范围。

（2）设定清晰、具体的规划目标。

（3）深入进行当前与未来的情境分析。

（4）详细规划内容，包括实施细节、时间表、责任人及检查安排。

（5）指明规划的制定者或团队。

（6）标注规划制定的具体时间。

（7）合理规划实施所需的资源。

（8）建立有效的控制机制与评估体系。

同时，组织需要密切跟踪内外部环境变动，确保人力资源规划与组织战略紧密对接，最终实现组织与员工的双赢发展。

## 第三节　人力资源供求预测及其平衡

预测实质上是对未来环境趋势的深入剖析。而人力资源预测则是基于组织内部的评估与前瞻，对未来特定时间段内人力资源状况的一种合理推测。这一环节在人力资源规划中占据核心地位，它帮助组织提前洞察可能的人力短缺或过剩问题。为确保人力资源规划的科学性与有效性，精确预测人力资源的需求与供给显得尤为重要。具体而言，人力资源预测可细分为需求预测与供给预测两大方面。

### 一、人力资源需求预测

简而言之，人力资源需求预测是评估组织在未来某个具体时间点上所需人力资源的数量、质量及其结构。这里的需求是理想化的全面需求，未将当前人力资源状况及变动纳入考量范围。而净需求则是通过对比预测人力资源供给后得出的差额。比如，某企业现有员工100人，预计明年有10人退休，若其他条件稳定，单从需求角度来看仍需100人，但实际内部供给减少至90人，因此净需求即为这10人的差额。

（一）人力资源需求分析

在预测人力资源需求时，方法虽多，但基于职位分析的角度较为直观易懂。企业的人力资源需求直接源于其职位设置：职位数量决定了人员需求总量，职位类型则决定了所需人员的专业技能和素质。因此，通过预测企业内部职位的增减与变化，我们可以较为准确地把握人力资源需求的数量与结构。这一过程需综合考虑多个因素来预测职位的变动情况。

1. 企业的发展战略和经营规划

企业的发展战略和经营规划直接塑造着企业未来的岗位布局。譬如，企业决策采取扩张策略，其未来的岗位数量无疑会随之增多；而当企业调整业务范围或经营方向时，其岗位结构必然会相应地进行调整与转变。

2. 产品与服务的需求

从经济学的视角来看，企业对人力资源的需求实际上为一种间接性需求，它根植于消费者对企业所提供的产品与服务的渴求之中。这两者之间存在着紧密联系，当市场对产品与服务的需求上升时，企业需要相应增加岗位数量；反之，若市场需求萎缩，企业则需要相应缩减岗位数量。这种产品与服务需求量的波动直观反映了企业经营规模的扩张或收缩趋势。

### 3. 职位的工作量

当某个职位的工作负荷不饱和时，应考虑将相关职位进行整合，从而减少职位数量；反之，若职位工作量超出负荷，则需要增设新职位，并且相应增加职位总数。

### 4. 生产效率的变化

在其余条件恒定的前提下，生产效率的波动与职位数量之间呈现反向关联：生产效率的提升意味着同一职位能承担更多工作量，进而促使职位设置减少；而生产效率下降时，则需要通过增加职位来应对。这种生产效率的波动往往由多重因素引发，包括但不限于生产技术的革新、工作模式的优化与调整、对员工的专项培训、薪酬激励机制的完善，以及员工个人能力与工作态度的转变等。

值得注意的是，上述分析均基于其他变量保持不变的假设，当多项因素交织影响时，实际结果可能更为复杂。比如，员工生产力提升，即便产品与服务需求增长，也可能不会直接导致岗位数量的增加，原因是两者相抵，效应相互中和。

### （二）预测人力资源需求的方法

预测人力资源需求的方法多种多样，重要的是，在实际操作中，不应孤立依赖单一方法，而应综合运用多种策略，如此才能提升预测的准确性。

### 1. 主观判断法

主观判断法是最为直观的方法，依赖管理者以往的经验和直觉，对未来的人员需求进行估算。在实践中，通常由各部门主管基于短期内工作任务的预估，先行判断本部门的人力需求，随后汇报至高层，通过综合考量，确定企业的总体需求。

此方法主要依赖经验进行，故更适用于短期预测，尤其针对规模较小、经营环境稳定且人员流动率较低的企业。实施此方法时，要求管理层拥有深厚的实战经验，以确保预测结果的准确性。然而，除了预测精度可能受限外，主观判断法还易陷入"帕金森定律"的陷阱，即各部门负责人在预估本部门人力资源需求时倾向夸大需求。为规避这一现象，亟须企业高层管理者的介入与有效调控。

### 2. 德尔菲法

德尔菲法这一创新的预测技术起源于 20 世纪 40 年代，由赫尔默与戈登携手开创。1946 年，为了弥补专家会议法的不足，美国兰德公司首次引入此方法进行定性预测，随后该方法迅速风靡全球。德尔菲法实质上是一种系统化的方法，旨在通过邀请特定领域的专家或资深管理人员就某一具体问题展开预测，并通过多轮交流逐步达成共识，这一过程也常被称作"专家预测法"。

德尔菲法的独特之处体现在三大方面。一是它博采众长，汇聚并融合了多位专家的真知灼见，有效规避了单一预测可能带来的片面性。二是它摒弃了传统的集体讨论模式，转而采用匿名"背靠背"的形式，确保每位专家都能无拘无束地表达个人预测见解，独立做出判断。这种方法不仅防止了从众心理的影响，还克服了专家会议中常见的权威导向或盲目跟从多数的弊端。因此，在实施过程中，需要一位"中间人"或"协调者"来负责在专家间传递信息、归纳意见并反馈结果。三是通过多轮预测与反馈的循环往复，促使专家的观点逐渐趋同，从而实现预测结果的高度准确性和可靠性。

实施德尔菲法的具体步骤精练阐述如下。

（1）详尽整理背景资料并精心设计调查问卷，清晰界定需要专家解答的问题。

（2）将资料与问卷分发给专家，鼓励他们依据个人见解进行预测并阐述理由。

（3）通过中间人收集问卷，汇总专家预测结果及意见，并反馈给专家以启动第二轮预测。此过程循环进行，中间人不断回收问卷、统计汇总，并推动至下一轮预测。

（4）当多轮预测后专家意见趋于一致时，调查即告结束，预测结果以文字或图表形式呈现。

在实施德尔菲法过程中，还需特别留意以下四点注意事项。

（1）专家数量依据预测课题的复杂度和覆盖范围灵活确定，建议不超过 20 位，并确保至少 60% 的问卷回收率，以维护调查的权

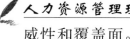 

威性和覆盖面。

（2）优化问卷设计，确保问题紧扣预测目标且表述清晰，让每位专家对问题的理解保持一致，减少误解和歧义。

（3）为专家提供详尽的资料与信息支持，便于其做出合理判断与预测。同时，对预测结果的精度要求适度放宽，鼓励专家提供大致的数字估算即可。

（4）积极争取专家的全力配合，确保他们对待每次预测都持认真态度。同时，向公司高层阐述预测的重要性和价值，以获得高层的认可与支持。

3. 趋势预测法

趋势预测法是一种基于企业以往数年人员数量的统计，来剖析并预测其未来人力资源需求变化趋势的方法。此方法操作相对直接明了，然而，其显著局限在于，通常假定除时间因素外，所有其他变量均维持恒定或同步变化，这在现实中难以完全实现。因此，趋势预测法更适宜应用于经营环境稳定的企业，并且常作为预测人力资源需求的辅助手段。

实施趋势预测法的具体流程如下。

（1）全面收集近年来企业的人员数量数据，并依据这些数据绘制图表，以直观展示历史变化趋势。

（2）运用数学手段对这些数据进行调整，使之呈现为一条平滑的曲线，通过延长此曲线，即可大致描绘出企业未来的人力资源需求走向。在实际操作中，为简化流程，常将这一复杂的曲线趋势简化为线性关系进行处理。

4. 回归预测法

回归预测法源自统计学原理，其核心在于识别并量化影响人力资源需求的关键因素。该方法通过回顾历史数据，确立这些关键因素与人力资源需求之间的数学关系，从而构建出回归方程模型。随后，基于这些关键因素未来的变动趋势及已建立的回归方程，实现对未来人力资源需求的预测。应用回归预测法的关键在于精准识别与人力资源需求密切相关的变量，以确保构建的回归模型能够准确反映实际状况，从而提供高质量的预测结果。

依据回归方程中变量的数量，回归预测法可细分为一元回归预测与多元回归预测两大类别。一元回归预测因仅涉及单一变量，故在构建回归方程时显得较为简便。相较之下，多元回归预测涉及多个变量，构建过程则更为复杂，但是也因全面考量了多种因素，其预测结果的准确性往往更高。基于曲线关系回归方程的建立难度较大，实际操作中为简化流程，通常倾向采用线性回归方程来进行预测。

5. 比率预测法

比率预测法是一种基于员工个人生产效率评估的预测手段。该方法要求计算出每个员工的人均生产效率，并结合企业未来业务量的预期增长，推算出所需的人力资源数量。具体计算公式如下：

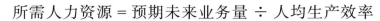

所需人力资源＝预期未来业务量÷人均生产效率

## 二、人力资源供给预测

人力资源供给预测是指针对未来某一具体时间段内，企业所能获得的人力资源在数量、质量及结构层面上的前瞻性评估。基于超出企业实际吸纳能力的人力资源供给并无实际意义，所以在进行人力资源供给预测时，需确保预测的有效性与精准性。通常而言，人力资源供给分为两大主要来源：内部供给与外部供给。内部供给是指通过企业内部劳动力市场自然流动或培养而生成的人力资源，而外部供给则是指企业通过外部劳动力市场招聘、引进等方式获得的人力资源。

（一）人力资源供给分析

当探讨人力资源需求时，焦点往往集中于业务和岗位的要求上，而当我们转向人力资源供给的视角时，则需要将关注点转向人才本身。基于人力资源可从内、外两条渠道获取，我们的分析策略也相应地覆盖这两点。值得注意的是，在外部人才的掌控上，企业通常处于被动的位置，这与内部人才管理形成鲜明对比。因此，在预测人力资源供给时，企业更倾向优先考虑并深挖其内部潜力。

1.外部供给分析

基于企业通常无法直接管理和把握外部人力资源的供应，对外部供给的评估实质上是对那些能影响人才市场状况因素的深入剖析。通过理解这些关键变量，企业能够洞察外部人才供给的可靠程度及其潜在的发展方向。

通常而言，决定外部人力资源供给的关键因素包括劳动力市场的现状、公众的职业观念以及公司的魅力。若劳动力市场呈现出供不应求的状态，这意味着外部人才的可得性会降低；相反，当市场呈现出供大于求时，人才的供给则更加充裕。此外，个人的职业偏好同样作用于外部供给，倘若一个行业并非求职者的首选，该领域的外部人才池就可能显得较为干涸；反之，若一个行业广受青睐，则人才储备更为丰富。公司自身的吸引力也是不容忽视的一环。一家极具魅力的企业能够吸引更多求职者，从而扩大外部人才供给；而缺乏吸引力的公司则可能面临人才招募的挑战，导致供给量下降。在考量企业吸引力时，重要的是评估其相对于竞品的地位，而非仅限于自身表现。对于那些寻求高度专业化人才的组织而言，这种相对吸引力尤其关键。

2. 内部供给分析

鉴于内部人力资源供给根植企业自身，其在预测阶段持有的员工群体便构成了内部供给的基础。因此，对内部供给的审视主要聚焦当前人力资源库存的评估，以及预测这些资源在未来可能发生的变化。这种分析通常涵盖以下三个方面。

（1）现有人力资源分析

人力资源的独特之处在于即便外界环境恒定不变，员工本身的生命周期事件也会引发未来人力资源供给的波动，如退休、产假等个人生活阶段。因此，在展望人力资源的未来供给时，对当前员工队伍的深度剖析必不可少。举例说明，如果目前一个企业有30位58岁的男性职工，考虑到他们即将达到退休年龄，可以预见的是，届时企业内部的劳动力数量将自然缩减30人。通常情况下，对现有员工群体的评估着重年龄分布的分析，因为大多数影响人力资源变动的因素紧密关联年龄。此外，员工的性别比例、健康状态等维度也需要纳入考量范围。

（2）人员流动分析

在评估员工流动性时，我们假设员工素质的部分波动并不显著，而人员流动主要体现为两大类。一是员工从企业离职的情况，这种流出直接导致内部人力资源存量的缩减。促使员工离职的因素多种多样，涵盖了主动辞职、被迫解雇等多种情形。以一家拥有千名员工的企业为例，若预计两年内的离职率约为3%，则意味着两年后，该企业的内部人力资源供给将相应缩减30人。二是员工在公司内部不同岗位之间的转移。虽然这种内部调动不影响企业整体的人力资源供给总量，却能重塑内部供给的格局。具体而言，当员工从B部门调至A部门时，A部门的人力资源供给会因新成员的加入而增强，增加的数量等同于调入的员工数量。反观B部门，由于人员流失，其内部人力资源供给会相应减少，减少的幅度与流出的员工数量一致。在研究企业内部的人员流动性时，除了考察已经发生的岗位调整，还需探究潜在的变动可能性，即现有员工转换职位的意向。这样我们可以预见特定岗位的潜在内部供给。比如，假设未来第三年有 15 名员工具备胜任 A 职位的条件，那么 A 职位便可预期拥有 15 人的内部供给。与实证分析类似，对潜在流动性的预测同样需要聚焦特定部门、职级或职能领域。而评估员工可能的流动性主要依赖绩效评估中对工作表现和能力的评价结果。

（3）人员质量分析

在分析员工素质的影响时，我们假设员工未出现岗位变动，此时员工素质的提升或下降将直接影响内部人力资源的效能。员工素质的波动主要体现在生产力的增减上。在所有其他条件维持不变的情况下，若生产力得以提升，内部人力资源的有效供给量随之增加；反之，若生产力下降，则内部人力资源的有效供给量相应减少。员工素质受到诸多因素的作用，其中包括薪资水平的提升、技能培训的开展等。

正如对需求的评估那样，上述每种分析都是基于其他变量保持不变的理想化情境进行的。然而，当多个因素同时发挥作用时，产生的综合效果可能与单一因素作用下的预测大相径庭。比如，即使企业面临着员工流失的问题，但如果剩余员工的工作效率得到了相应提升，并且提升幅度恰好抵消了因人员减少而增加的工作负担，那么企业内部人力资源的供给实际上可能维持稳定。

通过这一系列分析，我们可以估算出未来企业内部人力资源供给的变动情况。将这个预测的变动值与当前的人力资源存量进行对比，便能够推算出在未来的某个特定时间段内，企业内部能够提供的劳动力资源总量，从而准确预测内部人力资源的供给情况。

（二）人力资源供给预测的方法

在讨论人力资源供给预测时，我们的焦点通常放在内部供给的预测上，这是因为企业对外部供给的控制力较弱。

1. 技能清单

技能清单作为一种详尽记录员工职业能力特点的目录，涵盖了诸如教育背景、职业历程、所持资质证明及工作绩效评估等关键信息。这份清单实质上是对员工个人竞争力的综合体现，对于预估企业潜在的内部人力资源供给具有重要价值。在人力资源规划中，目标不仅仅是确保有足够的员工填补岗位空缺，更重要的是确保这些员工具备相应的素质与能力，因此建立一份详尽的员工能力档案变得尤为必要。技能清单应用广泛，可用于识别晋升候选人、支持岗位调动决策、安排特定项目的人员配置、指导培训计划以及辅助员工进行职业生涯规划。这种清单既可以覆盖全体职员，也可以仅限于某一特定群体。

2. 人员替换图表

人员替换图表实质上是对企业当前员工状况的一种评估，通过分析员工的晋升或调动潜力，来预估公司内部潜在的人力资源供给。

借助这种方式，一旦某个岗位出现空缺，企业便能够迅速找到合适的替代人选。为了使信息一目了然，这种分析结果常以图表的形式呈现，便于管理者快速了解人员流动和接替情况。

3. 人力资源"水塘"模型

人力资源"水塘"模型的核心是在对内部员工流动趋势预测的基础上，评估企业内部人力资源的实际供给。这一模型与人员替换分析有相似之处，但又有所区别：人员替换侧重从员工个体角度出发，预测的是潜在的内部供给能力；而"水塘"模型则是从岗位需求的角度进行分析，旨在预测未来某一时刻的实际人力资源供给量。通常这一方法适用于特定部门、职级或职能类别的精细分析。由于"水塘"模型需要根据现有员工情况，通过量化流入和流出的人员数量预测未来的供给状况，这一过程类似计算一个水塘未来的储水量，故得名"水塘"模型。

4. 马尔科夫分析法

马尔科夫分析法是一种动态预测技术，用于预测在固定时间间隔（通常为一年）内各类型人员的分布情况。这一方法源自统计学领域，采用定量预测的手段，其核心理念在于通过对历史人力资源流动比例的分析，推断未来人力资源供给的模式。

5. 经验预测法

经验预测法是最为简便的人力资源预测手段，特别适用于经营状况相对稳定的小微企业。如其名称所示，这种预测法基于过往经验来预估未来的人员需求。由于不同的管理者可能有不同的预测结果，通常建议采取多位管理者共同预测或参考历史数据的方式提高预测的准确性。然而，必须注意的是，经验预测法仅适用于企业短期内发展方向无重大变动的情境，对于新兴职位或工作方式发生根本性变革的岗位，该方法可能不再适用。

## 三、人力资源供求的平衡

人力资源规划的核心目标在于达成企业人力资源供给与需求之间的均衡状态。因此，在分别预测出人力资源的供给量与需求量后，下一步便是对比分析两者，依据比较结果制定相应的策略与行动方案，以确保人力资源配置的合理性与有效性。

企业人力资源的供给与需求预测通常会呈现以下几种情境：一是供给与需求在数量、质量及结构上大致匹配；二是供给总量与需求总量相等，但在结构上存在不协调；三是供给过剩，超过需求；四是供给不足，低于需求量。若企业面临第一种情况，即供给与需求在各方面基本吻合，表明人力资源规划达到了理想的平衡状态，不过，这种完美的平衡在现实中极为罕见。事实上，多数企业可能遭遇的是第二种、第三种、第四种情况，这就要求企业根据具体情况实施相应策略，以期达成供需的均衡。即便在第一种情况下，企业也不能掉以轻心，因为供给与需求的预测是基于一系列假设完成的。因此，企业必须确保这些假设条件能够得到满足。一旦条件发生变化，原先的供需平衡很可能被打破，企业需要随时准备调整策略，以应对新的供需格局。

（一）供给和需求总量平衡，结构不匹配

在企业中，人力资源的供给和需求达到全方位平衡实属罕见，即便总量上看似匹配，也常常在层级与结构上显现不均衡。面对结构性的人力资源供需失衡，企业通常可采取以下策略以恢复平衡：一是优化内部人力资源布局，通过员工晋升、岗位调整或降级等方式填补关键岗位空缺，以满足特定的人力资源需求；二是实施定向培训计划，提升现有员工的技能与知识，使其胜任空缺职位的工作职责，从而缓解结构性短缺；三是实行人员置换策略，即裁撤不符合企业需求的员工，同时吸纳紧缺型人才，以此调整人员构成，实现结构优化。

（二）供给大于需求

当预测显示人力资源供给过剩而需求不足时，企业可从供需两端着手，采取以下措施以达成平衡：

一是企业可以尝试扩大业务规模或探索新兴市场，以此创造更多岗位需求，吸收过剩的人力资源，比如，通过多元化的经营策略，将多余的员工调配至新业务领域；二是尽管直接裁员或辞退员工是立竿见影的手段，但由于可能引发社会不稳定因素，这种做法通常会受到政府政策的约束和限制；三是企业可推行提前退休激励计划，向接近退休年龄的员工提供优厚条件，鼓励其提前离职，从而减少在职员工数量；四是实行招聘冻结，即暂停外部招聘活动，依靠自然减员（如退休、自愿离职）逐步减少员工总数。此外，调整工作制度，如减少工时、推行工作共享机制或暂时下调薪酬，也能有效降低人力资源的供给。

（三）供给小于需求

当预测显示人力资源供给不足而需求旺盛时，企业可以从供需两侧着手，采取以下策略以达成平衡。

一是从外部市场招聘人员，包括考虑重新聘用退休人员，这是解决短缺问题的直接途径。企业可根据实际情况选择全职或兼职员工，若需求持续存在，则宜招聘全职员工；而对于短期或突发性需求，则可考虑雇用兼职或临时工。二是提高在职员工的工作效率，这也是增加供给的有效手段。提高效率的方式多种多样，如改进生产流程、优化技术、增加薪资激励、开展技能培训、调整工作模式等。三是延长工作时长，鼓励员工加班，以增加产出量。四是降低员工离职率，通过内部人员的合理调配和岗位轮换，增强某些关键岗位的人力资源供给。此外，企业可以将非核心业务外包，此举实际上减少了对内部人力资源的需求。在实施上述平衡供需措施的过程中，不同的策略会产生不同的效果时效。比如，依靠自然减员减少供给的过程较长，而采取裁员措施则能更快地看到成效。

企业面临的人力资源供需失衡通常并非单一形态，而是供给过剩与供给不足两种情况复杂交织，可能表现为某些部门或特定职位的供给过剩，同时另一些部门或职位则面临供给短缺，如关键岗位的人才需求可能高于供给，而常规岗位则可能出现人才过剩。因此，企业在设计平衡供需的策略时，必须立足实际状况，灵活运用各种方法，力求在人力资源的数量、质量和结构层面上实现供需的全面均衡。

# 第二章 人员招聘与录用

## 第一节 招聘的内涵与意义

大众普遍持有这样的观点：在人力资源管理的各项职能中，招聘被视为最为基础且技术门槛较低的一环，其流程无非简历筛选、面试，以及发送录用通知书。然而，人力资源领域的资深专家却持有不同见解，他们认为招聘与选拔是人力资源工作中最为棘手的部分。在管理不规范的企业中，招聘过程如同一场未知的探险或赌局，仅仅依赖面谈评估候选人的可靠性，其准确率往往偏低，通常不超过四成。即便辅以中心评价技术、心理测验等专业评估手段，全程严谨操作，招聘的成功率也仅能达到七成左右。这意味着即便企业投入大量精力，招聘工作的成效也只能算是勉强合格。

### 一、招聘的内涵

招聘实质上是指在为公司或组织的空缺岗位甄选具备相应能力和素质的合适人选的过程，其终极目标是成功识别并录用最契合该职位需求的优秀人才。

在明确了岗位职责并通过工作分析确立了对任职者的要求后，招聘流程主要围绕四大步骤展开：一是人员规划与招募阶段，二是人员评估与选拔阶段，三是录用决策环节，四是招聘效果的评估。具体而言，首先，人员规划阶段涉及预测人力资源的供给与需求，以确定哪些岗位需要填补新人；其次，通过内部推荐和外部招聘，建立一个潜在的候选人库；再次，运用各种测评技术、背景核查、健康检查等手段，基于岗位特性，筛选出最合适的应聘者；最后，在选拔与录用程序完成后，需要对整个招聘流程进行全面回顾，包括过程评估、信度与效度检验，以总结招聘活动的整体表现与成效。

高效且成功的招聘活动应始终坚守"人岗匹配最大化"的核心原则。无论是从企业角度还是求职者立场来看，适宜性都是达成职场成功的核心要素。只有置身于与自身特质相契合的岗位上，员工才能深切感受到归属与认同，生发出饱满的工作激情，进而最大限度释放个人的工作潜能与创造力。

## 二、有效招聘的意义

### （一）招聘质量关乎企业的生存与发展

在整个人力资源管理体系中，招聘活动占据着至关重要的地位。全球五百强企业无不将招聘视为重中之重。若将企业比喻为一个转换系统，人才就是这一系统中的核心组件，通过人才的作用，企业能将原始资源转化为有价值的产出。招聘作为人才输入的开端，其质量直接决定了后续人才的质量。因此，从长远角度来看，招聘工作的优劣对企业未来的发展与壮大具有深远影响。

倘若企业不慎引进了不合格的员工，后续将会面临一系列棘手问题。古语"招之即来，挥之即去"远非易事。解雇一名员工不仅可能遭受多方阻挠，还可能对员工的心理造成创伤。部分企业选择将招聘工作外包处理，然而，单纯依赖中介机构的推荐无法满足卓越企业对人才的长期需求，反而可能从根本上削弱企业的人力资源管理水平，甚至损害其核心竞争力。

（二）有效招聘将减少企业内部人员流动

企业内部的人员流动受多重因素制约，招聘活动无疑是其中一项关键因素。招聘期间，企业所传达信息的准确性和透明度对后续员工的稳定性有着直接影响。若企业在招聘宣传中仅片面展示正面形象，而对存在的问题避而不谈，新入职的员工很可能感到强烈的期望落差，这种失望情绪会降低他们的工作满意度，进而引发较高的离职率；反之，若招聘信息真实全面，则有助于增强员工的工作安全感和忠诚度，从而有效减少人员流动。

（三）有效招聘能降低企业人力资源管理费用

一方面，招聘作为人力资源管理的核心职能之一，其开支构成了人力资源管理总成本的重要一环。高效的招聘流程能够有效控制招聘费用，从而降低整体的人力资源管理成本。另一方面，企业与员工之间的劳动争议常见于解雇或裁员环节，而这些问题的根源往往可以追溯到招聘时的人岗不适配或人企文化不合。因此，要从源头上避免劳资冲突，关键在于提升招聘阶段的匹配度。同时，解雇与裁员不仅可能带来负面效应，还意味着企业需要重新启动招聘流程，无形中增加了人才获取的经济负担。

（四）成功的招聘能提升企业外部形象

研究发现，企业招聘流程的质量直接关系求职者对该企业的印象与评价。招聘团队的专业素养以及招聘活动的组织水平能在某种程度上反映出企业的管理效能和运作效率。为了达成招聘目标，企业会公开传递其基本信息、战略导向、经营哲学、企业文化以及产品特色等一系列内容，这样做既能彰显企业的正面形象，又能增进社会公众对企业的认知，从而为企业营造更为有利的外部环境。因此，外部招聘活动实际上充当了企业对外展示和传播自身品牌形象的重要平台。

## 三、企业的招聘流程

尽管不同企业的招聘流程会因其性质、所处的发展阶段、岗位特性及企业文化等因素而各有侧重，不存在一成不变的模式，但一套完整且标准化的招聘流程确实能够显著提升企业的招聘效率。通常情况下，在明确界定招聘职位的详细要求与岗位任职资格后，企业的招聘流程大致可划分为四个主要阶段：招募、筛选、聘用与评估。

　　一是企业需识别并确认工作岗位的空缺情况，这一步骤要求企业事先做好人力资源规划与工作分析，通过科学预测人力资源的供需情况，评估未来一段时间内人力资源的数量与结构是否平衡，进而判断是否有必要启动招聘程序。二是企业需确定填补职位空缺的途径，在明确了具体的用人需求后，企业应精心选择招聘渠道，确保招聘信息能够准确传达，吸引足够数量的合适候选人。三是进行简历与申请资料的初步筛选，企业需仔细审阅应聘者提交的求职材料，从中挑选出符合条件的候选人，建立起初步的候选人信息库。四是组织面试环节，向通过初步筛选的应聘者发出面试邀请，通常由人力资源专家根据岗位所需的胜任力模型，对候选人进行首轮面试。五是实施专业技能测试，由部门负责人与人力资源专员联合对通过初步面试的候选人进行更为深入的技术能力评估。六是做出录用决策，在完成对候选人的知识、技能、经验和个性等方面的综合评估后，企业需决定录用哪些候选人，并着手安排其入职事宜。七是进行招聘工作的成本效益分析，回顾整个招聘流程，梳理其中的问题，评估招聘活动是否实现了"成本低廉、效率高"的目标，撰写详细的招聘总结报告，为未来的招聘活动提供参考。

# 第二节　规划与招募

## 一、招聘规划的制定

从专业的视角出发，招聘活动应当始于全面的人力资源规划阶段。人力资源规划的核心任务是清点企业当前的人力资源状况，明确哪些岗位存在空缺，并规划填补这些空缺的策略，这一过程涉及企业内所有岗位的人事布局。企业的人力资源规划必须紧密贴合其战略发展目标，因此，企业的发展方向将直接决定招聘岗位的类型。多数企业会专门针对高级管理岗位的接班人问题，制订"继任计划"，以确保领导层的平稳过渡。

（一）招聘规划的内容

招聘规划是企业人力资源管理部门基于各部门的用人需求申报，结合对未来人力资源需求与供给的预测分析，以及参照岗位描述文件的相关内容，明确在一段特定时间内所需招聘的岗位类型、招聘人数、岗位职责及任职条件等关键要素，从而制定出一套详细的招聘实施方案。招聘规划为企业招聘活动提供了依据和系统化的指导，有效避免了招聘过程中的不确定性和主观臆断，显著降低了企业在招聘和录用环节可能遭遇的风险。

通常情况下，企业制定的招聘规划涵盖以下要点。

（1）阐述招聘活动的核心目标，如提升企业形象、控制招聘成本、应对紧急用工需求等。

（2）列出各职能部门需招聘的职位名称、计划招聘人数及相应的任职条件，以清晰界定企业的人才需求。

（3）明确招聘工作小组成员的身份、职务及各自承担的职责。

（4）确定招聘信息发布的具体时间和选用的媒介平台。

（5）包括评估地点、时间安排、考核内容设计者等细节，用于评估应聘者的能力与素质。

（6）规定应聘者提交简历和申请表的最晚期限。

（7）预计新员工正式上岗的日期。

（8）涵盖资料印刷、广告投放、招聘会参展费等在内的招聘活动经费预算。

（9）从发布招聘启事至新员工报到的整个流程时间线，要求详尽，以利于时间协调与安排。

（10）设计招聘广告的内容和样式。

（二）制订招聘规划的注意事项

在制订招聘规划时，企业需全面审视自身的人力资源现状。基于不同企业的特性及所处生命周期阶段的差异，招聘流程的设计与优化也有所区别。在制定招聘规划时，必须紧密围绕企业的战略目标，确保招聘活动与企业的长远规划相一致。

在实施招聘规划时，企业需考虑如何高效快捷地获取并合理配置人力资源，同时将招聘成本控制在预算范围内。多数企业招聘规划的制订流程为人力资源部门发起需求调研—用人部门提出招聘需求—人力资源部门整合需求—高层审批。然而，在实践中，高层往往倾向削减招聘名额，而用人部门则抱怨人手不足，无法完成任务。在双方僵持不下时，通常会达成折中协议，如最初计划招聘 10 人，最终可能只批准招聘 5 人。遗憾的是，双方在做出决策时，往往缺乏客观依据的支持。

　　当考虑人员选拔策略时，重点应当放在评估候选人是否具备岗位所需的能力上。简单来说，在完成相同工作任务的前提下，员工的工作能力和所需员工数量之间存在一种逆向关系。这意味着如果员工都拥有高水平的专业技能，那么整体的工作效率将有所提升，从而减少对人力的需求；相反，如果员工专业技能水平较低，则需要增加人手以维持相同的工作产出。

　　在组织架构中明确各层级的职责分配至关重要。高层管理者的主要任务是确定公司政策，审查规划，并且审批起始薪酬，以及任何超越常规制度的例外事项。而各个职能部门则应承担起识别职位空缺的责任，参与面试流程，筛选候选人，并在整个招聘过程中给予支持。至于具体招聘活动的策划与执行，通常由专门的部门如人力资源部或人事行政部来主导，包括设计招聘计划、主持筛选和录用环节，确保招聘流程的顺利进行。

## 二、比较招募的来源

企业吸纳新人才的方式和手段被称为"招聘渠道"，它们构成了企业人员增补的重要机制。依据人才的来源差异，招聘渠道主要被分为内部晋升和外部引进两大类。外部引进的渠道丰富多样，人力资源部门在开展招聘项目时，往往会采取多管齐下的策略，即结合多种渠道搜寻潜在的优秀候选人。每种招聘途径都有其独特的优势和局限性，因此，公司在决定采用哪种招聘方式时，必须全面考量公司的文化氛围、特定岗位的特殊要求、招聘渠道的特性，以及财务预算等多方面因素。在实践中，企业应灵活调整，根据即时的需求和环境变化，综合运用不同的招聘渠道，以达到最优的招聘效果。

（一）内部招聘

内部招聘实质上是一种企业内部的人才流动机制，它通过向现有员工公开发布职位空缺信息，并邀请他们参与竞争，来填补公司的职位空缺。这一过程不仅激发了员工的积极性，还促进了人才的优化配置。

具体而言，内部招聘的途径多种多样，主要包括内部晋升、工作轮换、重新聘用、竞聘上岗。

1.内部招募的来源

（1）内部晋升

当企业面临关键职位的人员需求时，内部晋升作为一种策略，允许组织内的员工从较为基础的职位跃升至更高级别的岗位。这种做法的核心在于能够激发员工的进取心，形成积极向上的工作氛围，有助于构建统一的企业文化。然而，内部晋升也存在一定的局限性，主要表现在可能导致组织的视野受限，难以吸引外部的顶尖人才，进而影响企业的创新力和竞争力。如果长期依赖内部晋升，就使企业陷入故步自封的状态，缺乏新鲜血液的注入，减弱其活力。

有效实施内部晋升，企业应坚持唯才是用、能岗匹配、适度提拔。

（2）工作轮换

工作轮换作为一种灵活的人力资源管理策略，涉及在一定期限内调整员工的工作岗位，这既可以在组织的不同职能区域之间进行，也可以在同一职能领域或部门内的多个岗位之间进行。其核心目的是通过多样化的工作体验，增强员工的工作满意度和参与度。

工作轮换的关键益处在于能够为员工的工作和生活增添色彩，通过引入新的挑战和视角，有效减轻重复劳动带来的厌倦感，进而激发员工的热情，降低员工主动离职的可能性。此外，工作轮换还有助于培养未来的领导人才，为企业的持续发展储备力量。

在推行工作轮换时，应遵守如下指导原则：应将它视为激励手段，而非维持现状的保健措施；实施过程中需确保不扰乱正常的业务运作；应充分考虑并尊重员工的个人意愿与选择。

（3）重新聘用

有时，企业中的一些员工出于健康问题或其他个人因素，或出于公司的某种安排，暂时离开了工作岗位，但仍保留着职位，例如，长期病假后恢复健康的员工，或出于个人或公司原因而选择了"停薪留职"的员工。这些员工中不乏具有高素养和能力的人才，他们对企业文化和运作有着深刻了解，因此，当他们准备重返职场时，企业应重新为其提供就业机会。这类员工的回归不仅可以充实企业的人力资源，而且因为他们对公司的熟悉程度，可以大大减少再培训和适应期上的投入，为企业节省一定成本。

（4）竞聘上岗

竞聘上岗是企业适应市场经济环境、推动自身进步的一种机制。"竞"代表竞争，"聘"则是聘用，二者共同构成了这一过程的两面。在企业环境中，竞争体现了一种"优胜劣汰，适者生存"的用人理念，即有能力者获得晋升，表现平庸者则可能被淘汰。通过建立透明的竞聘流程，企业能够激发全体员工的潜能和创新精神，显著提升整体的工作效率和生产力。

2. 内部招募的方法

（1）推荐法

推荐法作为一种招聘方法，既适用于企业内部人才的招募，也适用于外部人才的招募。这种方法依赖公司现有员工，特别是那些对岗位需求有深刻理解的员工，来引荐他们认为合适的人选，供相关部门进行进一步的评估和面试。在公司内部，主管推荐是最常见的形式之一，其优势在于主管通常对潜在候选人有详细的了解，同时对所在部门的具体需求有清晰的认识，这使得他们提名的候选人往往具有较高的匹配度，提高了招聘的成功率。然而，推荐法也存在潜在的缺陷。由于推荐过程往往带有个人色彩，容易受到推荐者个人偏好或人际关系的影响，可能形成偏见，甚至影响团队的和谐与凝聚力。

（2）布告栏法

布告栏法作为一种内部招聘策略，涉及在明确了岗位的特性、责任和资格标准后，通过企业内部的传播渠道，如公告板、内部通信、公司网站等，广泛发布职位空缺的信息，确保所有员工都能接收到这一消息。这种方法尤其适用于非管理岗位的招聘，对普通员工的招募尤为有效。然而，布告栏法的一个明显不足之处在于耗时较长，从发布信息到搜集申请、筛选候选人，再到最终录用，整个过程可能相当漫长。

（3）档案法

企业的人力资源部门通常保存着所有员工的详细档案资料，这些档案涵盖了员工的教育背景、接受过的培训、工作经验、专业技能以及过往业绩等重要信息。当出现岗位空缺时，人力资源部门可以利用这些档案，与用人部门合作，精准筛选出符合岗位要求的内部候选人。然而，要确保档案法的有效性，人力资源部门必须严格维护档案的时效性和准确性。档案信息的及时更新和真实性是保证人选质量的关键。此外，在确定了潜在的内部候选人之后，与员工进行充分的沟通也至关重要。这不仅包括了解员工对新岗位的兴趣和期望，还需要确认他们对岗位职责的理解，以确保双方对即将发生的职业变动有清晰的共识。

（二）外部招募

1. 外部招募的来源

（1）大、中专院校应届毕业生

根据记录，2023年，中国大学毕业生的数量达到了创纪录的1158万人。进入2024年，大学毕业生人数进一步攀升至1187万人，对于那些不是特别强调工作经验、寻求入门级专业人才的企业而言，这一群体提供了丰富的招聘选择。

（2）行业内的专业人才

当企业寻求具备特定岗位经验的员工时，倾向从同一行业或本地竞争对手那里直接招聘，有时这一过程也被形象地描述为"挖墙脚"。只要遵循正当的招聘程序和合法手段，这种做法将成为企业获取外部人才的重要途径，特别是在寻找具有行业背景和经验的高级技术人才或专业技术人才时使用。

（3）待业人员

待业人员是指那些处于劳动年龄阶段、具备劳动能力，但由于与前雇主终止了雇用关系，目前没有固定工作，且个人档案已经转移到户籍所在地的街道或乡镇劳动和社会保障部门的个体。这部分人群正在积极寻找新的就业机会，涵盖从就业到失业的人员，以及初次进入劳动力市场但尚未成功就业的新成员。值得注意的是，待业人群中同样存在许多素质优良的个体，或许他们具备卓越的策划才能和领导潜质，是企业不容忽视的潜在人才库。

（4）退役军人

退役军人曾是军队的一员，他们在完成了服役期、荣誉退伍或出于身体残疾等原因退出现役后，依据国家法律享有相应的权益和优待。军人在部队经历的锻炼铸就了他们坚强的意志、不屈的精神和严格的纪律意识，这些都是企业非常看重的品质。企业招聘退役军人不仅能获得具有上述特质的员工，还能得到国家政策的扶持，可谓多赢之举。

（5）资深复职者

资深复职者特指那些在雇主单位服务直至达到或超过法定退休年龄后，从其岗位上正式退休的人员。当前，众多机构表现出对重新聘用这些退休人士的浓厚兴趣。这些复职者通常展现出深厚的专业能力和丰富的实践经验。他们中的许多人往往是先前所在单位的技术精英或管理层的中流砥柱，拥有鲜明的专业特长和严谨的工作态度。因此，对于聘用他们的机构而言，这类资深复职者的成本效益远高于一般员工。

2. 外部招募的方法

（1）广告招聘

广告招聘是企业广泛采用的一种人才吸引策略，其核心是借助各类媒体平台传播招聘信息，以此吸引对职位感兴趣的潜在应聘者，促使他们提交个人简历。

①利用传统媒体。在诸如报纸、杂志等传统媒体上刊载招聘广告，等待求职者投递简历并申请面试。这种方式的优点在于信息传递快速且覆盖范围广，能够吸引来自不同背景和层次的求职者，为企业提供了广阔的候选人选择空间。同时，是展示企业形象、提升品牌知名度的有效途径。

②依托专业媒介。在专业领域的期刊或网络平台上发布招聘广告，这种定向投放策略针对性极强，特别适合招募中高级专业人才或管理层。

③新媒体渠道的应用。在数字化的时代背景下，越来越多的企业正转向利用新媒体平台作为人才搜寻与选拔的工具，包括但不限于在线招聘、社交媒体招聘（微博、微信等）。在线招聘是指企业通过官方网站或专业招聘网站发布职位信息，以吸引求职者。在具体操作上，企业可以选择在自家网站设立招聘专区，构建招聘管理系统，或与知名招聘平台如中华英才网、前程无忧、智联招聘等合作，利用这些平台成熟的招聘体系发布职位，吸引大量求职者。微博、微信等社交媒体与人们的日常生活紧密相连，成为人力资源招

聘的重要渠道。利用这些新媒体平台发布招聘广告不仅成本低廉，甚至常常是免费的，而且能够直接触及对企业和行业感兴趣的目标群体。这种定向传播方式不仅加快了企业找到合适求职者的速度，提高了招聘效率，也减少了资源的无效消耗。

（2）利用中介机构

目前，职业中介、人才交流中心、就业服务局等专业机构已成为促进人才流动和匹配的高效途径。这些机构扮演着多重角色，既帮助企业精准筛选人才，又帮助求职者了解潜在雇主。它们的存在极大地简化了招聘流程，提高了招聘效率。

①人才服务中心，也称"人才服务机构"，这类机构通常拥有庞大的人才数据库，可供企业查阅与职位要求相匹配的候选人资料。它们与企业建立长期的合作关系，提供包括现场招聘、线上招聘以及定制化招聘在内的多元化服务。其优势在于成本效益高且定位准确，但可能在计算机、通信等行业高级人才的招聘上效果有限，难以吸引热门领域的顶尖人才。

②招聘会。招聘会会聚了大量求职者，为企业提供了广阔的选择范围，但在吸引高级别人才方面往往不尽如人意。企业在参加招聘会时，应注意考察其档次、目标受众、主办方实力及宣传力度，以确保招聘效果。

③猎头服务。猎头服务专注企业中高层管理和技术专家的招聘，猎头公司凭借专业的资源网络和丰富的人才储备，能迅速锁定高质

量的候选人。对于招聘高端人才，猎头服务是极为有效的解决方案。然而，猎头公司的费用相对高昂，通常收取相当于被推荐人才年薪25%~35%的服务费。

（3）高校直招

高校直招可以视为企业主动出击的招聘模式，招聘团队亲临校园，通过举办学生见面会、宣讲会等形式，直接与应届毕业生面对面交流，旨在从中选拔合适的人才。企业通常会在校园内发布招聘信息，如张贴海报、设立展位、组织说明会，以吸引学生的关注和参与。此外，一些企业与学校建立了紧密的合作关系，通过工学结合的模式，以校企合作、定点实习的方式，针对某些特定岗位实行委托培养，学生毕业后可以直接进入企业工作。通过高校直招入职的年轻员工通常具有很高的可塑性和饱满的工作热情。然而，他们普遍缺乏实际工作经验，企业需要投入时间和资源对他们进行系统培训，以帮助他们尽快融入职场并胜任岗位。此外，部分毕业生可能对自己的职业定位尚不清晰，从而导致较高的工作流动性。

（4）内部推荐

企业可以采纳员工推荐其亲友加入公司的方式进行招聘，这种方式的最大优势在于促进了信息的对称性。推荐人通常会诚实地向企业反映被推荐人的实际情况，减少了企业对候选人背景调查的时间和成本。同时，被推荐人能通过推荐人获取企业内部的第一手信息，有助于他们做出更加理智的就业选择。为了鼓励内部推荐，一些企业设立了奖励机制，比如，推荐的候选人成功入职，推荐人将获得一定的经济奖励。然而，企业采用内部推荐渠道时也应警惕潜在的负面影响。个别情况下，公司内部的员工，尤其中高层管理者，可能借机安插自己的亲信，试图在关键岗位上建立私人势力范围，这种小圈子的形成可能破坏公司的组织结构平衡，干扰正常的运营秩序。

（三）比较内外部招募来源的优缺点

内部招聘作为企业人才管理的一项策略，有效地拓宽了员工的职业路径，对提升团队士气具有显著作用。由于内部员工对公司的文化氛围、组织框架和业务流程已有深入了解，这不仅加速了招聘流程，降低了招聘成本，还减少了新员工适应岗位的风险。然而，如果内部招聘过程缺乏公正性，或采用的方法不当，便可能在企业内部滋生不满情绪，引发矛盾冲突。此外，长期依赖内部招聘可能导致员工队伍缺乏流动性，外界的新鲜观念和创新思维难以渗透，加之相似的组织文化背景，容易形成思维定式，影响团队的创新能力和应变能力。更有甚者，内部招聘可能滋生裙带关系，即基于个人关系而非能力进行晋升，这种现象会损害组织的健康发展，削弱团队的凝聚力和战斗力。

外部招聘提供了广泛的候选人池，涵盖了各种资质和年龄段的求职者，这为公司提供了挑选最合适人选的广阔空间。引进外部人才不仅能为组织注入新鲜的经营理念、管理模式和实践经验，促进内外融合，持续推动创新，还能在一定程度上缓解内部晋升过程中的竞争压力，为那些未获得提升的员工提供心理慰藉，维持团队的和谐稳定。然而，外部招聘也伴随着潜在风险。由于对外部求职者的真实水平和能力评估存在不确定性，公司可能面临不称职员工的比例问题。此外，新员工带来的工作风格和价值观可能与公司的现有文化产生摩擦，需要时间去磨合。新入职员工通常需要一段时间的适应期，无法立即投入工作，从而发挥效能，这可能影响短期内的工作效率。此外，频繁的外部招聘可能打击内部员工的积极性，让他们感到晋升通道受阻，从而影响整体团队的动力和士气。

## 三、设计招聘广告

招聘广告作为企业吸引人才的关键媒介，其设计的优劣直接关系企业能否精准有效地传达信息给潜在应聘者。设计招聘广告是一项技术活，它融合了标准化模板与个性化创意，每一个细节包括内容的精练、形式的创新、用词的恰当以及传播策略都需要深思熟虑。此外，招聘广告还是企业向外界展示自身品牌形象和文化氛围的窗口，通过巧妙的设计，企业可以借此机会彰显自身独特的价值观和工作环境，以吸引更多志同道合的求职者。

（一）招聘广告的设计原则

一份优秀的招聘广告应当具备迅速吸引广泛受众注意力的能力，激发他们对招聘信息的兴趣，进而唤起他们强烈的求职意愿。

在设计招聘广告时，借鉴传播学中的 AIDA 模型，即引起注意、兴趣、愿望和行动，可以引导求职者逐步深入，最终促使他们采取实际行动，即提交个人简历。

1. 注意

为了在短时间内抓住求职者的眼球，招聘广告的设计应突出公司的独特卖点，或通过醒目的色彩搭配和有力的语言表达来达成这一目标。

2. 兴趣

在成功吸引求职者的注意后，下一步是激起求职者的好奇心和兴趣。具体可以通过构思富有感染力的广告语或口号，使之充满吸引力，促使求职者想要了解更多关于职位的信息。

3. 愿望

愿望通常源于求职者的自身需要，企业可以通过强调提供的薪酬福利、职业成长机会、专业培训等关键要素，与求职者关心的焦点相契合，从而激发他们对职位的渴望。

4. 行动

招聘广告的根本目的在于收集求职者的简历和申请，因此，在设计时，务必在显眼位置明确列出公司的联络方式和广告的有效期限，以便求职者能够迅速响应，提交申请。这样的布局设计旨在降低求职者的行动门槛，促使他们立即采取行动。

在构思招聘启事时，不仅要运用 AIDA 营销原则来吸引和引导潜在应聘者的兴趣与行动，还必须确保广告的准确性和合规性。这意味着招聘信息需真实无误，使用的语言应符合法律规范。此外，招聘条件应当清晰无歧义，用词应简洁有力，以高效传达关键信息。具体而言，应着重强调职位详情、工作职责、所需资格、办公地点、薪资范围，以及员工福利，这些都是求职者最为关切的要素。

（二）报纸招聘广告的主要内容

其一，广告的核心主题与独特标识。

其二，公司的基本概况。

其三，具体招聘职位的详情，包括岗位职责与所需的资格条件。

其四，公司的人力资源相关政策，涵盖职业发展路径及培训资源等。

其五，明确报名的时间窗口、地点及报名途径。

其六，报名时需准备的证件与材料清单，如个人简历、职位申请表、学历证明、职业资格证、荣誉证书、个人成果展示、身份证及照片等。

其七，其他需要应聘者注意的重要事项。

（三）招聘广告需要注意的事项

其一，表述需简洁明了，易于理解。

其二，招聘条件需清晰呈现，让求职者一眼明了自身是否符合要求。

其三，为确保有足够的选择余地，应聘人数应适度超出需求，通常保持在需求量的 1.5~2 倍。

其四，面试环节不可或缺，应给予应聘者充分展示自身才华与专长的舞台。

其五，招聘广告应传递尊重与温馨，让求职者感受到企业的亲和力。

# 第三节　测评与甄选

在人才选拔过程中，企业采用各种评估工具和方法，旨在深入分析求职者的知识水平、技能掌握程度及其性格特质，以此来预判他们未来在工作岗位上的表现，最终目标是精准识别并录用最适合公司需求及职位特点的候选人。一般来说，这一甄选程序包含以下八个步骤。

第一，接待申请者。如果初步判断某位申请者具备岗位所需的基本资质，那么接下来会为其办理注册手续，并将该申请者引荐至有招聘需求的具体部门。

第二，要求申请者完成一份详细的求职申请。为确保获取到的信息真实有效，申请者会被要求填写求职登记表格。在设计这类申请表时，重要的是确保涉及的问题直接关联申请者将来可能从事的工作职责，这样可以更有效地筛选出合适的人选。

第三，资格审查。在资格审查中，人力资源会对申请者提交的所有文档，特别是学历证书和工作经历证明，进行全面细致的审核。为确保材料的真实性和可靠性，可能进行背景调查，包括联系申请者之前的雇主或教育机构，以核实信息并获取关于申请者过往表现的第一手资料。

第四，面谈（初试）。面谈（初试）是一个面对面的互动过程，旨在对申请者进行初步评估。面试官会与申请者进行短暂的交谈，借此机会观察其仪表举止、沟通能力、教育背景、职场经验以及心理适应能力等多方面素质。如果发现申请者与岗位要求不符，则会在此阶段结束其应聘进程；反之，如果申请者表现出足够的匹配度，他们将被邀请参加后续的深入考核。

第五，深入面试与专业评估。对于通过初步测试的应聘者，人力资源部门会安排进一步面试，旨在全面评估其态度、进取心、应变能力及适应能力。同时，会进行专业测试，以客观衡量其能力、专业技能、工作经验及心理素质。

第六，背景核查与审批流程。完成前述选拔环节后，人力资源部将开展背景调查，并据此填写评估申请表。随后，将候选人名单提交至直接用人部门主管审核，并逐级上报至公司领导进行最终审批，以确定最终的录用人员。

第七，体检环节。面试成功的候选人需进行体检，通过者将收到录用通知。

第八，试用期与正式入职。成功入职的员工将填补对应岗位的空缺。企业设有试用期以评估员工与岗位的匹配度，具体时长依据劳动法规定及工作性质而定。试用期结束后，经评估表现合格者将转为正式员工，并签订劳动合同。

## 一、设计求职申请表与面试评价表

（一）设计求职申请表

为确保收集到的应聘者信息既全面，又真实，应让申请者填写一份详尽的求职申请表。这份表格应涵盖以下几个关键部分：一是明确指出申请的职位名称；二是个人基本信息，如全名、性别、居住地址、联系方式、出生日期、家乡所在地以及婚姻状态等；三是教育背景和专业培训经历，包括获得的学位，接受培训的时期、地点，以及任何获得的相关证书；四是工作历史，罗列之前的工作单位、担任的职务以及具备的从业资格。在设计求职申请表时，至关重要的一点是所有要求填写的内容都应紧密关联申请者将要从事的岗位，以确保每项信息都能为评估其是否适合该岗位提供有价值的数据。

（二）设计面试反馈表

面试官应当迅速整理并归档面试过程中产生的所有记录。在面试环节告一段落后，面试官需要基于对每位应聘者表现的综合考量，完成面试反馈表的填写。利用这种统一格式的评估表，评估团队得以以更加公正的方式辨识出表现突出的应聘者。面试反馈表不仅是招聘团队对候选人进行下一轮筛选的重要参考，也是整个面试活动成效的具体呈现。

## 二、面试

（一）面试概述

1. 面试的概念

面试实质上是招聘方与求职者之间信息双向传递的一种社交互动，它是对求职者进行口头评估的有效途径，在当代社会的应用日益广泛。要提升面试的成效，使得招聘方能在有限的时间内准确把握每一位陌生求职者的个性特征、才能及专业特长，进而做出是否聘用的决定，就要求我们在面试过程中巧妙运用访谈技巧，确保整个流程既科学严谨，又标准规范。在员工选拔的框架下，对求职者的面试通常分为两轮：一是初步筛选面谈，旨在快速识别出符合基本要求的候选人；二是针对通过初步测试的求职者进行的综合面试，这一步骤更为深入，目的是全面评估求职者是否真正匹配岗位需求。

2. 面试的目标

面试的核心目标可以归纳为以下四点，旨在实现多维度的评估与沟通：一是它作为一个双向透明的平台，使求职者能深入了解公司的文化及岗位详情；二是通过对话和测试，招聘方能探知求职者的技能和专长所在；三是面试是评估求职者是否适合特定职位的关键环节，考查其能力和岗位要求的匹配度；四是它服务横向对比的功能，帮助企业在众多候选人中，基于各自的资质和才能，做出最优选择。

3.面试的种类

（1）根据面试及应试人数划分

根据参与面试的人数，面试可以划分为四大类：单个面试官对应单个求职者、多个面试官对单个求职者、单个面试官面对多个求职者，以及多个面试官同时面试多名求职者。由于前两种即"一对一"和"多对一"只涉及一位求职者，通常统称为"个人面试"；而"一对多"和"多对多"则因包含多位求职者，故归类为"小组面试"。值得注意的是，"一对多"面试对面试官的精力和专业性提出了更高要求，因此实践中并不常见。

在企业招聘流程中，尽管"一对一"和个人面试最为普遍，但"多对多"的小组面试展现出独特优势。这种形式允许面试小组直接对比不同求职者对相同问题的反应，从而更直观地识别出表现的差异，同时有效压缩整体面试所需的时间，提高面试效率。

（2）根据问题形式划分

根据提问方式，面试可细分为结构化面试、非结构化面试和行为描述面试三类。

第一，结构化面试。结构化面试是一套系统性的问题集，专为应聘特定职位的候选人而设计，紧密围绕工作需求而展开。这种方式通过标准化的问题序列，有效降低了面试过程中的随意性和偏见，提升了面试结果的可信度和有效性。

在结构化面试中，通常会涵盖四种类型的提问，旨在全面评估求职者的适应性和专业素养。情境问题会设定一个假设的工作环境，观察求职者如何应对，以此洞察他们在类似实际状况下的决策和行为模式。工作知识问题旨在挖掘求职者在专业领域内的理论基础和实践经验，无论是基础教育技能还是高级的科学或管理技巧，都是考查的重点。此外，工作样本模拟是让求职者亲自动手，完成一个与岗位相关的具体任务，以此直接检验其操作能力和解决问题的技巧。如果实际操作难以实施，面试官可能转而采用关键工作内容模拟，通过描述性的问答，间接评估求职者处理核心业务的能力，这种方式同样要求求职者展现出一定的实践智慧。

在结构化面试流程中，除了考查技能和经验，面试官还会提出一些关于候选人个人意愿的问题。这类询问通常围绕候选人对于执行单调重复任务的态度，或他们对跨城甚至跨国调动的开放性而展开。通过这类问题，面试过程实际上模拟了未来工作环境中的某些现实情况，这不仅让雇主能更全面地评估候选人，也给予求职者一个自我反思的机会，思考自己是否真正适合这份工作及其潜在要求。

第二，非结构化面试。在非结构化面试环境中，面试官倾向抛出开放式和灵活度高的问题，以此激发候选人的自然反应和深入讨论。这种类型的面试注重全面性，面试官乐于倾听应聘者自由发挥，分享更多的个人见解和经历。与之相比，非结构化面试往往导致面试时间延长，而且每个候选人的回答路径各异，收集到的信息会呈现出多样性，难以像结构化面试那样确保一致性。

第三，行为描述面试。行为描述面试是一种被称为"情境式"或"行为面试"的结构化面试形式，它侧重挖掘应聘者过往经历中，在特定挑战面前的实际表现。这种方法不仅巧妙地跳过了直接评判个人特质的陷阱，也规避了假设性和主观性过强的问题类型。之所以精心挑选与工作成就密切相关的具体实例，是因为过去的行为往往能预测未来的行动。面试官会构建问题，促使应聘者分享他们在类似工作场景中的应对策略。比如，一个应聘创意岗位的人可能被问及："请举一个案例，说明你曾如何贡献创新思路，推动某个活动或项目取得佳绩。"这些问题旨在评估应聘者的行为模式，而这些模式将对照从高绩效员工身上总结的行为标准进行评价。

（二）面试的基本流程

1. 面试前的准备

（1）资料筹备：应聘者资料与面试所需材料

应聘者资料集：包括个人简历、求职申请表等，用于初步了解应聘者背景，便于制定面试策略，提高面试效率。

面试辅助材料：涵盖岗位胜任力模型、面试评分表及面试问题清单，为面试过程提供明确指导。

（2）面试场地的布置

为了创设一个让候选人感到自在的面试环境，面试地点的选择应当温馨且适宜，旨在营造一种轻松的氛围。通过友好的握手、真诚的微笑、简短的问候、适度的幽默感、舒适的座椅安排、恰当的照明和室温控制，以及避免任何干扰性的噪声，可以有效达到这一目的。

位置排列：有以下五种典型的座位安排方式值得注意。

A.采用圆桌形式，多位面试官围坐，面对单个求职者，营造一种团队讨论的氛围。

B.一对一的设置，其中座位呈一定角度摆放，减少直面的压力感。

C.多对一的配置，面试官与求职者直接相对而坐，强调面对面交流。

D.一对一的情况下，双方保持一定距离，可能增加正式感，但减少了压迫感。

E.主考官与求职者并排坐在同一侧，这种方式可能减轻求职者的紧张情绪，促进更为自然的对话。

当采取C选项的座位安排时，即招聘方与求职者正对面坐，彼此的目光直接交汇，这种布局往往会给求职者带来显著的心理负担，使其感觉自己如同法庭上的被告，承受着审视和评判，进而加剧紧张情绪，影响其正常发挥。相比之下，B选项的斜向座位排列，通过视线形成的角度间接接触，能够在心理层面缓解对立感，减少直接冲突的可能性，从而创造一种较为轻松和谐的面试氛围。同样地，A 选项的圆桌布局也能达到相似效果，促进双方的平等交流。然而，D 选项中双方保持较远距离的安排则可能产生不利影响。这种物理上的隔阂不仅阻碍了面试官从求职者的面部表情和肢体语言中捕捉重要信息，还可能在心理上制造一道无形的屏障，不利于双方建立亲近感和协作精神。至于 E 选项，虽然主考官与求职者并肩而坐缩短了心理距离，减少了压迫感，但求职者的位置似乎略显低人一等，缺乏足够的正式感，同时不便于面试官细致观察求职者的非语言信号。

综上所述，C 选项可能适用于需要施加一定压力的面试场景，以考验求职者的应变能力。但对于大多数常规面试而言，A 选项和 B 选项两种座位布局更为理想，它们既能营造出一种积极互动的环境，又能保持适度的专业距离，有利于面试双方的沟通和评估。

在构建面试环境时，除了精心布置考场外，还需细致考量诸多因素，如确保房间既舒适，又整洁，光线与温度调节得恰到好处，色彩搭配令人心旷神怡，远离任何扰人心绪的噪声。此外，主考官温和的表情、简短而温馨的寒暄，以及一个轻松愉悦的开场白都是营造理想面试氛围不可或缺的要素，共同创设一种恰如其分、有利于双方交流的面试环境。

2. 面试实施

面试的启动环节通常聚焦一系列基础而普遍的话题，旨在初步了解应聘者。这些话题包括但不限于个人的职业历程、家庭环境简述、居住地的变迁历史、过往的荣誉与受到的任何处分、待业期间的经历与原因，以及近期的健康状况等，从而为后续深入交流奠定基础。

进入正式面试的核心阶段，此时交流变得更加深入和专业，主要围绕应聘者的工作驱动力、职业行为模式等核心议题展开讨论。根据应聘者的具体情况，面试官会精心挑选与工作经验密切相关的问题进行提问，以期获得更为全面和真实的职业画像。

当面试接近尾声时，若话题自然减少或预定的时间即将结束，面试者会巧妙地通过非言语的方式传递结束的信号。比如，调整坐姿、身体微微转向出口方向、不经意地查看时间等都是向应聘者暗示面试即将结束的微妙动作。有时，面试者还会以提问的形式结束面试，如询问应聘者是否还有未提及的问题或疑问。随后，面试者会简要告知应聘者接下来的流程，可能是等待电话通知或邮件回复，但无论如何都会避免在此时透露是否录用的决定。

面试一结束，面试官会立即着手整理记录，详细回顾并记录下求职者对各个问题的回答情况，以及留给自己的整体印象。这一过程对于后续的评估与决策至关重要。

（三）面试方法与技巧

1. 面试问题的类型

面试问题的设计往往全面覆盖了应聘者的教育背景、专业技能培训、职业履历、个人发展规划、自我认知评价、家庭背景、求职初衷以及专业知识的掌握与应用等多个维度，具体可细化为以下六大类别。

（1）背景调查类问题

背景调查类问题聚焦应聘者个人的基本情况，包括兴趣爱好、家庭概况、所受的教育经历以及过往的工作单位等，旨在初步构建对应聘者全面了解的框架。

（2）意愿与态度类问题

意愿与态度类问题旨在探究应聘者的求职初衷、工作热情以及面对工作任务时的主动性和积极性，帮助面试官评估其职业匹配度与稳定性。

（3）情境模拟类问题

情境模拟类问题是通过设定一系列假设的工作场景或挑战，引导应聘者思考并阐述自己在这些特定情境下的应对策略或行为选择。此类问题不仅考验应聘者的实际操作能力，还能深入洞察其问题解决能力、逻辑思维、价值判断及决策水平，比如询问其如何担任某管理职位、处理团队内部冲突或对特定社会现象的看法等。

（4）压力测试类问题

压力测试类问题刻意营造紧张氛围，将应聘者置于压力环境下，通过观察其即时反应来评估其情绪调控能力和应对突发状况的能力。比如，"我们似乎觉得你的背景与我们这个职位不太匹配，对此你有何看法？"或"如此基础的问题你似乎不太了解，能解释一下原因吗？"等问题，旨在考查应聘者的心理承受能力与应变能力。

（5）专业性知识类问题

专业性知识类问题直接关联应聘岗位所需的专业基础与知识框架，用以检验应聘者是否具备岗位所要求的专业素养。比如，对于人事经理岗位，会询问其对劳动人事政策与法规的掌握程度；而对于财会人员，则会考察其对财务制度的熟悉度。

（6）行为描述类问题

行为描述类问题聚焦应聘者过往工作中展现出的关键能力与行为实力，通过让应聘者详细叙述特定情境下的具体行动与成果，来挖掘其潜在的胜任特质。以项目管理岗位为例，面试中可能提出"请分享一次您亲自负责并成功完成的项目管理经历，该项目有哪些核心要求？""在项目执行过程中，除了您之外，还有哪些关键成员参与？您是如何协调他们的工作的？""面对项目中的挑战，您采取了哪些措施来确保项目目标的达成？"等问题，以此评估应聘者的项目管理能力、团队协作能力与问题解决能力。

2. 面试提问的技巧

通常面试官提问的方法和所提问题的内容直接影响他们从候选人那里获取信息的质量和数量。因此，面试官需掌握一定的提问技巧，以有效引导面试的走向和节奏，确保对话的深度和效率。

（1）开放式提问

开放式提问鼓励应聘者自发地分享观点和想法，这种提问方式分为两类：无限开放式和有限开放式。无限开放式提问不设定具体的回答边界，其目标是激发应聘者自由表达，比如，"你能讲述一下你的职业历程吗？"而有限开放式提问则在一定程度上框定了回答的范围和导向，比如，"在你之前的工作中，通常遇到哪些挑战会阻碍你完成任务？"开放式问题常用于面试的初始阶段，或引入新话题时，用以铺垫对话，让应聘者有更多机会展现其个人经历和见解。

（2）封闭式提问

封闭式提问设计目的是促使受访者给出清晰、直接的回答。相较于开放式提问，封闭式提问往往更为聚焦且直接，最常见的是那些只需要"是"或"否"作为答案的问题，比如，"额外的时间能否帮助你达成销售目标？"此类提问的使用可以传达出两种含义：当面试官在应聘者回答之后紧接着提出一系列相关的封闭式问题，这表明面试官对其回答给予了高度关注，并渴望获取更多细节；相反，如果面试官连续使用封闭式提问，这可能暗示着面试官并不期望应聘者过多阐述个人观点，或者对应聘者的回答兴趣不大。

（3）诱导性提问

诱导性提问是通过引导的方式促使应聘者对特定问题做出回应或认同某种观点，比如，"对此你有何看法？"或"你是否赞同我的观点？"然而，使用这种提问方法时必须谨慎，以免给应聘者造成压迫感。如果处理不当，应聘者可能感受到必须说出面试官想听的答案，而非他们的真实想法，这样反而会导致面试官收集不到真正有价值的信息。

（4）追问的技巧

当应聘者提供的回答不够详尽或存在疑点时，面试官需采用追问技巧来促进更深层次的沟通。其中包括两种主要方式：探究性追问和反射性追问。探究性追问通过一系列引导性问题，比如"为何如此？""接下来发生了什么？""你能否详细说明？""你确定吗？"以及"你的依据是什么？"来鼓励应聘者分享更多信息。此外，非言语的提示，如点头、眼神接触或鼓励性的手势，同样能激励应聘者继续发言。反射性追问则涉及重复应聘者的话语，以此验证其陈述的一致性和真实性。比如，应聘者表达了对薪酬待遇的不满，面试官可以重述并深化这一话题："考虑到岗位职责、聘用条件以及市场标准，你认为当前的薪酬水平并未公正反映你的价值，是这样吗？"这种追问方式在应聘者回答含糊或信息不全时特别有效，它促使应聘者对先前的回答进行补充或澄清，帮助面试官准确把握应聘者的实际想法和态度。

（四）面试常见偏差及解决办法

1. 第一印象及晕圈效应

求职者的外貌表现或因紧张而导致的不经意间的行为举止常常会在面试官心中留下深刻的第一印象，这种印象可能不易改变，进而影响后续的提问方向和整体评价。这就是所谓的"晕圈效应"，它是指面试官往往会根据求职者的某一个正面或负面特征来推断求职者其他方面的素质。比如，一个在面试开始时露出自信微笑或给出有力握手的求职者可能给面试官留下"这位候选人很出色"的初步印象，这可能导致面试官忽视或低估其可能存在的不足；相反，如果求职者衣冠不整或表现不佳，初次见面时就可能被贴上"这个人不太行"的标签，在随后的互动中，其优点也可能遭到过度挑剔。

2. 面试人支配与诱导

在某些情况下，面试官可能误用面试环节，将其转变为过度的公司宣传、自我吹嘘的舞台，或偏离主题的社会性闲聊。比如，面试官可能全程讲解公司的宏伟规划或优厚福利，或花大量时间强调该职位的重要性，而忽略了对求职者进行实质性的评估。另外，有的面试官会使用带有引导倾向的问题，暗示他们期待的特定回答，如问求职者："你相信自己会享受这份工作吗？"这样的提问方式可能在无意中影响求职者的回答，使面试失去客观性和有效性。

### 3. 个人好恶及偏见

个人评判标准的差异性意味着即使面对相同的求职者，不同的面试官也可能给出大相径庭的评价。一项研究揭示了这种现象的极端情况：针对一名申请销售岗位的求职者，尽管他面对的是12位销售领域的专家，但评价结果极为分散。有一位面试官将该求职者列为最适合此项工作的候选人，而另一位面试官却将其排在了末位。这种巨大的差异部分源于面试官个人的好恶。比如，一个身材矮小、性格严谨且偏好整洁的面试官可能对身高较高、略显羞涩且习惯频繁吸烟的求职者抱有成见，从而影响对求职者的整体评价。

偏见的影响是把"双刃剑"。一方面，面试官可能因对某些特质的个人反感，而不考虑这些特质是否真的与工作相关，便草率地排除某些合格的求职者；另一方面，他们也可能出于对某些特质的个人喜好，错误地选择了并不完全符合岗位要求的求职者。

### 4. 相对标准

许多面试官在评估众多求职者的过程中，往往会不自觉地受到近期接触过的其他候选人特征的影响。比如，面试官连续面试了几位表现欠佳的求职者，那么当遇到一位仅处于平均水平的求职者时，可能因为对比效应而对其评价过高，误以为其表现突出；反之，如果面试官刚面试完几位非常优秀的候选人，那么同样地，面对一位普通水平的求职者，可能因为高预期而对其评价偏低，认为其能力平庸。

## 三、人员测评的其他方法

（一）职业心理测试法

职业心理测评是人力资源管理中应用心理学原理的重要工具，它在受控的环境中，遵循科学的方法和标准化流程，向求职者展示一系列标准化的刺激，通过观察和记录这些刺激引发的反应，来抽取代表个体行为特征的样本。基于这些样本，测评专家能够对求职者的个人行为和心理特质进行系统评估。职业心理测评在人才选拔中扮演着科学支撑的角色，特别是在国家公务员招录、企业及事业单位领导层选拔等领域，其应用尤为普遍。基于心理测评的专业性和复杂性，实施时通常需要聘请具备资质的心理测评专家，或委托专门的机构来进行，以确保测评的准确性和可靠性。职业心理测评涵盖以下三种类型。

1.职业兴趣测试

职业兴趣测试是心理测评领域的一种手段，旨在揭示个体对于何种类型的工作最感兴趣，以及在哪些工作中能获得最大的满足感。这种测试通过对比个人的兴趣偏好与在特定职业领域表现卓越的从业者兴趣之间的相似性，来评估个体的职业兴趣取向和优先级。职业兴趣测试具有广泛的实用性，其中最为人熟知的应用是在职业发展规划中，因为人们往往能在自己感兴趣的领域内表现出色。此外，它也是一种有效的筛选工具，如果能够挑选出兴趣与在职成功员工相匹配的候选人，那么这些人极有可能在新的工作岗位上取得优异成绩。霍兰德职业兴趣量表和加利福尼亚职业爱好系统问卷是此类测试中的两个经典示例，不过，这些量表大多由海外专家研发，在本土化适用性方面可能存在局限，需要进一步验证，确保其在中国文化和社会背景下的准确性和有效性。

2. 职业能力测试

职业能力测试旨在通过一系列测试，洞察个人的职业定位、适宜的职业类别以及性格特质，这类测试通常被称为"职业能力倾向测试"。它们通常借助计算机系统进行，涵盖了多个维度的评估，如情商评估、进取心测量、沟通技巧评估、问题解决能力测试、领导力评估、创业潜质检测、成功潜力分析、工作压力承受度测试、职业满意度调查等。参与测试的个人可以根据所得的关于自身性格和能力的结果，制订更贴合自身优势的职业生涯发展计划。通过识别和强化自己的长处，个人能够更有效地挖掘内在潜力，提升在职场中的竞争力。

3. 投射测试

投射测试运用独特手段巧妙规避了受访者的心理屏障，从而在不经意间揭示他们的深层思维。在这一测试形式中，评估者向参与者展示一系列含义不明的刺激物，并邀请他们对此做出反应。比如，可能是一组开放式的图形或未完成的图画，要求受访者编造故事、完成图画或描述画面中的情景。人们的解读往往受到潜意识的影响，所以这种方法便能捕捉到他们内心的真实声音。通过此类测试，心理学家能够在某种程度上洞察个体的内心世界，但鉴于缺乏标准化的参照框架，其准确性和可靠性一直存在争议。此外，这类测试在预测具体行为方面的能力相对较弱，这限制了其在实际应用中的效用。

（二）情境模拟测试法

情境模拟测试法作为一项人才甄选策略，精心设计了一系列反映应聘者未来职位日常挑战的场景。这种测试方法构建了一个高度仿真的工作环境，让候选人置身类似他们预期角色的实际情境中，面对并解决各类可能发生的问题与情形。通过综合运用多种评测手段，该方法能够全面考查参与者的心理稳定性、职业效能以及隐含的才能，以此评判其整体的专业素质。

1. 公文筐测验

公文筐测验，也称文件筐测试或篮中训练法（In-Basket Technique），是一种评估手段，它将参与者置于一个模仿高级管理岗位或特定职位日常运作的虚拟情境中。在此情境下，评估对象会收到一系列通常需要由该职位管理者处理的文档材料，数量在10~15份。参与者需在限定时间内（通常为90~180分钟）完成对这些文件的处置，并以书面或口头形式阐述其决策依据和处理逻辑。作为评价中心技术的重要组成部分，公文筐测试是甄别和选拔高层

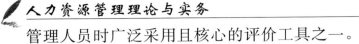

管理人员时广泛采用且核心的评价工具之一。

### 2. 无领导小组讨论

在无领导小组讨论的框架下，6~8名参与者组成一个小组，不设定任何特定角色，围绕指定议题开展自主讨论，最终目标是形成一致的小组共识。讨论过程中，面试官不会介入提供指导或反馈，仅作为旁观者记录参与者的互动表现。整个评估分为三个主要环节：一是每位成员有机会阐述个人见解，二是全体成员进入集体探讨阶段，三是由小组共同呈现讨论成果。通常整个讨论会控制在一个小时内。无领导小组讨论旨在全面评估参与者的多项能力，包括但不限于组织与协调技能、口头沟通效率、论辩技巧、说服力、情绪调控能力、人际交往智慧、非语言沟通技巧，以及个人的自信心、积极性、责任感和适应性等。

### 3. 角色扮演法

角色扮演作为一项情境模拟的测评活动，其核心在于为参与者构建一系列贴近他们未来岗位实际工作场景的模拟任务。通过将应聘者置于一个高度仿真的工作环境中，让他们面对并解决可能遭遇的各种挑战，以此综合评估其心理素质和潜在能力。这种评估方式着重考查应聘者在具体情境下的行为表现和实际行动，同时考量在多人互动中，个体如何影响他人，以及如何受到他人影响的动态过程。在招聘面试中，角色扮演被广泛应用，因为它能够直观地反映出应聘者在压力环境下解决问题的能力，以及他们的人际交往技巧和团队合作精神。

### 四、背景调查

（一）为什么要进行背景调查

为什么要进行背景调查？因为要防范应聘者提交的资料中出现虚假信息，企业通常要求应聘者在申请表上签字确认，此举旨在声明应聘者提供的所有资料均真实无误，并且明确指出，一旦发现任何虚假成分，应聘者将面临立即被解雇的风险。

根据研究数据表明，仅依靠面试来选拔人才，其准确性仅比随机选择高出3%，这凸显了面试官评估能力的关键性，而不是不同选拔方式本身的测试效果。因此，即便面试结束，企业仍需细致审查求职申请表中的每一项内容，留意任何可能需要进一步核实的细节，如求职者从上一家公司离职的确切原因。在这一过程中，招聘方需运用技巧探求事实真相，确认求职者离职的准确时间，以确保获取的信息准确无误。

（二）如何进行背景调查

1.背景调查的方法

（1）电话寻访

招聘方通过电话联系求职者前雇主的有关人员，旨在核实求职者在上一家公司的任职时间、担任职务、工作表现及离职缘由等关键信息。电话查询的优势在于高效便捷，能够在短时间内迅速获取求职者的基本概况。然而，这种方式也存在局限，由于通话时间受限，所能收集到的信息量相对有限，可能不足以全面评估求职者的背景和资历。

（2）问卷调查

招聘方会将精心准备的背景调查问卷通过电子邮件或传真方式发送给求职者前雇主的相关联系人，请求他们在指定时间内提供反馈。问卷调查的主要益处在于能够收集到详尽且相对精确的信息，但是这种调查方式往往需要较长的等待时间才能收到回复。有时候，证明人顾忌到书面评价可能引发的潜在纷争，不愿以正式文件形式对求职者的表现做出评价，这就导致问卷调查无法得到预期的响应。

（3）熟人了解

通过接触求职者周边人士，如同事、朋友、同学或客户，招聘方可从侧面了解求职者的个人情况。这种方法的优势在于信息来源的可信度较高，但其局限性也很明显，获取的信息可能不够全面，且容易掺杂个人主观色彩。尽管如此，它仍然可以作为电话寻访和问卷调查的有效补充，但通常不会被单独视为背景调查的唯一手段。

（4）网络调查

当前，随着社交媒体的普及，越来越多的招聘负责人开始利用博客、微博、QQ 空间等平台收集求职者的公开信息，作为录用决策的参考依据。这些信息可能包括求职者在公共媒体上发布的访谈、对话、文章等，不存在侵犯隐私的问题，因为它们是求职者主动公开的。然而，这种调查方式的适用范围有限，毕竟并非所有人都会在线上留下足迹，而且网络上信息的真实性需要谨慎评估。

2. 背景调查的内容

（1）关于候选人教育背景与资格证书的核实

企业通常采用两种方法来鉴别证书的真实性：一是通过互联网查询证书编号，二是直接联系候选人毕业院校请求协助调查。除了学历，对候选人英语水平证书或其他职业技能证书，企业也能通过官方网站进行验证，确保信息准确无误。

（2）对工作历史的审查

人力资源部门通常重点审查候选人最近几年的工作经历，认为过于久远的信息参考价值较低。在工作经历的调查中，关键点涵盖就职时间、担任职位、具体职责、工作表现、团队协作能力以及离职动机等。通过对比候选人自述与调查结果，企业可能发现候选人在某些方面有所隐瞒或修饰，这对全面评估候选人诚信度至关重要。

3. 背景调查的适用范围

基于背景调查耗时费力，多数企业会审慎界定其适用范围，不会对所有招聘职位一概而论地实施调查。一般而言，需要进行背景调查的重点岗位包括那些直接关联企业资金流动的职位，比如，财务经理、会计、出纳、投资专员、采购主管等，以及掌握公司核心技术或商业秘密的岗位，如研发工程师、技术专家等。此外，企业的中高层管理者，诸如运营总监、销售总监、战略副总裁等，也是背景调查的对象。这些关键岗位直接关系公司的战略方向、运营安全及核心客户资源，对企业生存和发展具有决定性影响。

### （三）背景调查过程中需注意的几点事项

#### 1. 征得求职者的同意

不论采用哪一种调查手段，招聘方在启动背景调查前，务必征得求职者的许可，并承诺对调查结果进行严格保密。企业可以在求职申请表中加入同意背景调查的条款，或者在面试环节直接询问求职者是否授权进行此类调查，最理想的情况是获取求职者的书面同意。对于拒绝背景调查的求职者，通常建议不予考虑。无论调查结果如何，招聘单位都应确保调查信息的安全性，仅限于必要的人员知晓，最大限度缩小信息的传播范围，以保护求职者的隐私权益。

#### 2. 减少主观因素的影响

基于背景调查所收集的信息源自多样化的渠道，其内容自然包含客观事实与证明人的主观见解，所以，对获取的信息进行甄别至关重要。为确保信息的全面性和准确性，企业应拓宽背景调查的信息来源，采取多途径、多角度、多方证人的调查策略。通过综合比对来自不同渠道的信息，进行系统的整理和分析，可以有效防止背景调查中的误区和信息失真。

#### 3. 避免走形式

部分企业已经深刻意识到背景调查在招聘流程中的关键作用，因此，它们推行了"凡进必调"的原则，即将背景调查作为招聘新员工的必要环节，并通过制定规章制度或流程予以固化。在实际操作中，设计一份内容全面、结构合理的背景调查表至关重要，同时，企业应严格审核调查结果，持续优化和完善背景调查的流程，防止流于表面的形式主义。

4.背景调查的内容应简明实用

在制作背景调查问卷时，问题设计应力求简洁明了，聚焦核心要点，无须事无巨细。若需深入探究，可根据招聘岗位的特性及求职者的个人情况，定制更具针对性的问题，以便获取在面试中难以触及的额外信息，确保背景调查的深度和广度。

# 第四节 录用与入职

## 一、人员录用决策及招聘评估

（一）人员录用的含义

在求职者历经重重筛选，最终步入录用与入职阶段时，这看似平凡的环节实则承载着激发新员工工作激情的重任。不少企业因不重视录用与入职流程，导致新员工在上岗前，对企业和岗位本身缺乏基本的认知，从而直接投入工作。这不仅可能为员工日后的工作埋下隐患，还会令其感到陌生与孤立，难以激起工作热情，从长远来看，这对企业的发展无疑是一种损害。因此，企业必须高度重视并妥善处理录用与入职的各个环节，为新员工铺设一条平稳的过渡之路。

（二）录用决策的主体

在多数企业里，录用流程通常由人力资源部门主导，它们负责筛选出符合条件的候选人，然后将名单提交给相关部门经理，由后者做出最终的录用决定。而在规模较小的企业或公司，在没有设立独立人力资源部门的情况下，录用工作则直接交由各部门主管负责。那么，在企业内部，到底谁承担着录用决策的最终责任呢？随着管理层培训的日益增强，经理和主管在录用决策中扮演的角色越发重要，实际上，他们才是决定录用与否的关键人物。尽管如此，人力资源部门在整个录用流程中依然扮演着核心角色，从开始到结束，它们会提供重要的建议和意见，支持最终的决策。

如今，许多雇主在录用过程中也开始赋予现有员工一定的发言权。比如，让员工参与面试过程，表达他们对候选人的看法和偏好。在高校招聘教师的场合，通常由学生和教职员工共同参与面试，共同筛选合适的候选人。尤其在团队工作模式日益盛行的当下，由团队成员集体参与筛选并共同决定录用人选的做法已变得相当普遍。

（三）招聘评估

招聘的核心目标在于辨识应聘者的实际才能，如果应聘者的表现超越了企业设定的标准，那么此人无疑成为企业寻求的理想人选；反之，如果招聘结果不尽如人意，企业在此过程中投入的时间、精力与成本则被视为浪费。因此，企业的招聘活动应遵循四项基本原则：有效性、可靠性、客观性与全面性，这些原则共同构成了招聘工作的目标导向。企业欲判定招聘任务是否圆满达成，需对招聘全过程进行综合评估。通常企业的招聘成效评估会从以下几个维度入手。

1. 招聘成本效益评估

招聘成本效益评估涉及对招聘过程中产生的各项开支进行详细的审查与核实，并将实际支出与预先设定的预算进行对比分析。这一评估流程是衡量招聘活动经济效益的关键指标。简而言之，当招聘成本维持在较低水平，同时录用的人员具备高素质时，即可认定招聘效率较高；反之，若成本高昂而录用人员质量不高，则反映出招聘效率低下。

2. 人员录用数量评估与质量评估

录用人员的数量与质量可通过几个关键指标来衡量。

录用率：录用人数占应聘总人数的百分比，计算公式为（录用人数/应聘人数）×100%。当该比率较低时，通常意味着录用人员的整体质量较高；反之，则录用人员的整体质量可能相对较低。

招聘完成率：反映实际录用人数与计划招聘人数的比例，计算公式为（录用人数/计划招聘人数）×100%。若该比率达到或超过100%，表明招聘计划在数量上已达成或超额完成。

应聘率：衡量应聘人数相对于计划招聘人数的比例，计算公式为（应聘人数／计划招聘人数）×100%。应聘率高不仅体现了招聘信息的有效性，还可能预示着录用人员中高质量候选人的比例较高。

除了直接比较录用比和应聘比外，还可以根据招聘标准及工作需求对录用人员进行分级评估，来进一步确定其质量水平。

## 二、员工入职的流程

### （一）办理录用手续

**1. 录用通知**

当企业确定了录用意向，应迅速发出录用通知，以防错失优质人才。录用通知通常包含以下关键信息：一是表达对新员工加入的热烈欢迎，强调其对公司的重要价值；二是详细说明报到的流程与要求；三是提供报到的具体时间和地点，以及到达路线指南；四是附上任何其他必要告知的事项。

**2. 未录用告知**

大多数企业会以礼貌而周到的方式，通过拒绝信通知未被录用的应聘者。信件内容主要围绕对求职者参与招聘活动的感谢，以及对其付出时间和精力的尊重，旨在安抚求职者的情绪，减轻因未获录用而可能产生的失落感。

### （二）签订劳动合同

依法订立的劳动合同具备法律效力，缔约双方均有义务履行合同中约定的各项职责。劳动合同签订后，需报送至劳动人力资源管理部门进行备案，或请求该部门对合同文本进行鉴证。通过备案或鉴证的程序，旨在促使劳动合同的内容更加完善，确保其遵循国家法律法规，从而更好地保障用人单位与新录用员工双方的合法权益。依据合同期限的不同，劳动合同大致分为三种类型：无固定期限劳动合同、固定期限劳动合同，以及以完成特定工程为期限的劳动合同。根据劳动法规，企业需在新员工入职后的首月内与其签订劳动合同，以确立双方的雇佣关系。

1. 劳动合同的类型

无固定期限劳动合同是一种不设明确终止日期的合同，只要双方无违约行为且未触发合同约定的解除条件，劳动关系将持续至劳动者退休。

固定期限劳动合同则规定了合同的开始和结束时间，常见的期限有一年、三年、五年等，具体由双方协商。合同到期后，双方均有意继续合作的可续签劳动合同。若劳动者在同一单位连续工作满十年，或连续两次签订固定期限劳动合同并双方同意续签，劳动者有权提出转为无固定期限合同，雇主应予以满足。

以完成特定工程为期限的劳动合同，其存续完全依赖项目的完成情况。一旦工程任务达成，合同即告终止。此类合同在签订时需明确双方的责任、权利与义务，双方均应以严谨的态度对待，确保合同生效后能严格遵守执行。

2. 试用期的约定

劳动合同与试用期相辅相成，试用期条款可以明确纳入劳动合同中。为了规范试用期的使用，劳动合同法特别针对试用期滥用及过长问题设立了详尽条款。

根据劳动合同法原则，试用期最长不得突破六个月。进一步来说，根据劳动合同的期限长短，试用期被细化为不同档次：对于期限在一年以上但不足三年的劳动合同，试用期应控制在两个月以内，而对于三年以上固定期限或无固定期限的劳动合同，试用期则不得超过六个月。

为避免重复试用的不公现象，劳动合同法明确规定，同一雇主与同一员工之间仅能约定一次试用期。

对于特定类型的劳动合同，如以完成某项工作任务为期限的合同，或期限本身不足三个月的短期合同，则完全排除试用期的设置，以确保双方权益的公平与合理。

（三）入职培训

我们都有过初入职场、接受适应性培训的经历。当新员工踏入一个全然陌生的环境，对他们而言对周围的一切都充满了未知。如果没有周到的适应性培训，员工不得不独自摸索，逐步熟悉工作场所。对于某些性格内向的员工而言，这一过程可能相当艰难。如此一来，员工对企业的情感纽带不易建立，这将为后续的人力资源管理工作带来诸多不便，如团队凝聚力的培养、企业文化认同等。因此，适应性培训是企业为新员工特别设计的培训环节，目标是帮助他们迅速适应新环境，加速融入团队。事实上，这种培训可以看作招聘流程的自然延伸。

1. 培训的内容

在培训和发展的规划中，覆盖的主题应当宽泛，同时必须考虑到受训者的特点，确保培训内容具有针对性。

具体到企业文化培训这一领域，可以细分为三个主要部分：一是围绕企业物质文化的教育，这涵盖了企业的基本信息、组织架构、产品线、物质资源状况、技术与经济效益，以及企业在全球和国内行业中的相对位置；二是针对企业精神文化的培养，这部分侧重传授企业的核心价值观、职业道德标准、行为规范、管理层的风格和理念，以及塑造企业独特性的精神内涵；三是有关现代管理知识和技能方面的内容。

2. 培训的具体操作

一旦企业确定了员工培训计划，接下来的关键步骤便是执行与管理。基于过往的企业培训实践，以下是确保培训计划顺利实施的主要环节。

（1）挑选一位具备卓越组织能力和责任心的个人负责整个培训项目的协调与推进。

（2）依据培训目标与内容，寻找那些兼具专业素养与实战经验的讲师，确保他们能够有效传递给受训员工所需的知识与技能。

（3）向受训员工清晰阐述培训的预期成果、详细要求及课程安排，以此激发他们的参与热情，并确保培训活动按计划进行。

（4）为受训员工预留充足的学习时间，避免日常工作干扰，让他们能够全身心投入培训过程中。

（5）通过持续的评估机制，监控培训效果，及时识别并解决存在的问题，不断优化培训方法，以提升整体培训成效。

3.培训的评估

企业普遍重视员工培训成果的评估，原因如下。

评估能验证知识、技能提升或行为改变是否直接源于培训，确保培训效果的真实性和针对性。

通过评估，可揭示培训中存在的问题或失败的根源。虽然有些培训计划听起来完善，但实施效果不佳。评估能找出其中的原因，助力未来培训的改进。

评估还关注培训的费用效益，即比较培训的投入与产出，确保资源得到经济合理的利用，与人力资源其他项目的管理原则相一致。

# 第三章 人力资源薪酬管理

## 第一节 薪酬概述

### 一、薪酬的概念和分类

（一）薪酬的概念

薪酬实质上是企业为雇用员工劳动而向其支付的各种回报形式，它是雇主给予员工的劳动补偿金。在较为局限的理解中，薪酬被视作可以直接量化为现金的收益，涵盖基本工资、奖金、津贴及其他任何形式的直接经济补偿。然而，从更广阔的视角来看，薪酬的概念远不止于此，它还包含了一系列非货币化薪酬。这类非货币化薪酬在工作体验、社会认同和个人福祉等多个维度上体现出来。具体而言，在职业成就感方面，员工可能因达成工作目标、面对挑战和承担重要职责而感到自豪；在社会层面，工作可能赋予个体社会地位，促进个人成长并实现自我价值。此外，还有诸如同事间的友情、宜人的办公环境、灵活的工作时间等其他因素，共同构成了全面的员工满意度和忠诚度。

（二）薪酬的分类

通常情况下，基于支付方式的不同，薪酬体系可划分为两大类别：经济性薪酬与非经济性薪酬。其中，经济性薪酬可进一步细分为两类，分别是直接经济性薪酬和间接经济性薪酬。

1. 直接经济性薪酬

工资作为一种最基本的报酬形式，依据员工劳动的质与量，按照预先设定的规则予以支付。工资的计算方式主要分为计时工资和计件工资两种模式。在计时工资系统下，员工的报酬与其工作时长挂钩，常见形式包括小时薪制、日薪制、周薪制和月薪制。而计件工资制度则是基于员工实际产出的合格产品数量或完成特定工作量来决定工资总额，即先确定每件产品或每一单位工作的价格，再根据完成量计算总报酬。

奖金作为一种奖励机制，旨在表彰员工超出常规工作量的表现，通常被称为"绩效工资"。它涵盖多种形式，如销售佣金、团队成就奖以及公司利润的分配份额，这些都是对员工额外努力的认可。

激励工资则聚焦长期和短期的激励手段，短期激励通常体现为与业绩挂钩的额外薪酬；而长期激励则更多地与公司的股权或股票期权相关联，以此激发员工对公司长远发展的承诺和贡献。津贴和补贴主要是为了弥补员工在特殊工作条件下所面临的额外成本，或由生活环境差异导致的开支增加。津贴通常与工作特性紧密相连，比如，艰苦岗位津贴、特殊技能津贴或地区性津贴；而补贴则倾向补偿员工因生活需求而产生的费用，如住房补贴、交通补贴等。

值得注意的是，工资、奖金和津贴之间的比例并非一成不变。

2. 间接经济性薪酬

虽然这些福利并非直接以金钱形式支付给员工，但它们显著提升了员工的生活质量，如减少生活开销、提供安心保障，具体形式涵盖养老保险、医疗保险、失业保险、工伤保险及遗嘱保险、住房公积金等。这些都属于企业给予员工的福利政策范畴。

福利是对员工辛勤工作的一种非直接经济回馈。除上述内容外，常见的还有带薪假期、医疗支持、安全保障，以及丰富的文化娱乐设施等，这些也都被广泛采用。

非经济性薪酬则是指那些难以用金钱量化的，但能给员工带来精神愉悦与满足感的要素，如带薪休假、节假日休息、病假事假安排等均属此列。

薪酬的核心本质在于一种交换机制，员工通过提供劳动获得生活所需的经济及非经济资源，而企业则因此获取支撑其运营的人力资源与物力资源。这一交换过程应当遵循等价原则，确保双方利益得到合理体现。

## 二、薪酬的水平和作用

（一）薪酬的水平

企业薪酬水平反映的是其为不同岗位设定的平均薪资标准，直观地展现了公司在内部对各职位及员工薪酬待遇的定位。通过将公司的薪酬方案与所在地区的市场薪酬趋势以及同行竞争者的薪酬额度进行对比，可着重剖析出企业间薪酬体系的相互关系，以及自身在薪酬支付能力上的总体状况。这种分析揭示了企业在劳动力市场上的外部竞争力，即其吸引和保留人才的能力，特别是，在与行业对手比较时的相对优势或劣势。

根据不同的分类依据，薪酬水平可以呈现多样化的视角。首先，从层级角度出发，薪酬水平可以细分为国家、区域、行业部门乃至单个企业的平均薪酬标准。尤其在企业层面，薪酬水平代表了该企业内所有员工薪酬的平均值，这个平均值既可以是特定时间点的数据，也可以是某一时期内的平均结果。此外，薪酬水平还可分为内部和外部两个方面。内部薪酬水平关注的是企业内部各职位之间的薪酬关系，而外部薪酬水平则着眼企业薪酬与市场、行业或其他竞争对手的比较。

进一步来说，根据适用对象的差异，薪酬水平又可细分为整体水平和特定职业群体的薪酬水平，后者专门针对某一职业或职能领域的薪酬状况。

企业薪酬水平的高低对企业的人力资源策略有着深远影响。它不仅决定了企业在人才市场的吸引力，影响着招聘和保留优秀员工的能力，而且是企业整体竞争力的一个重要指标。较高的薪酬水平往往意味着更强的吸引能力和留住人才的能力，从而为企业带来竞争优势。薪酬水平的计算可以通过一个数学公式来表示：薪酬水平 ＝ 薪酬总额 / 在业的员工人数。

通常评估企业的薪酬水平有两种主流方法：一是通过比较在特定劳动力市场中企业薪酬的位置，这种方法衡量的是相对的薪酬水平，即企业薪酬在市场上的相对位置；二是直接考察企业对各个职位提供的平均薪酬额，这被视为一种绝对的薪酬衡量标准，它关注的是企业内部薪酬的具体数值。

在更广泛的意义上，企业薪酬水平策略的分类主要由其战略目标驱动，并且会考虑企业战略方向与人力资源市场现状的交互作用。基于此逻辑，薪酬水平策略大致可分为五类：领先型薪酬策略、跟随型薪酬策略、滞后型薪酬策略、权变型薪酬策略和综合型薪酬策略。

第一，领先型薪酬策略的核心在于通过提供高于市场或竞争对手的薪资水平来吸引和保留人才。采取这种策略的组织通常在招聘和员工满意度方面占据显著优势，因为丰厚的薪酬能有效减少员工对薪资待遇的不满情绪，进而降低人才流失率。

第二，相比之下，跟随型薪酬策略的目标是将本组织的薪酬成本和员工吸纳能力与行业内的竞争对手保持同步。这种策略追求的是在不显著增加成本的前提下，保持与市场平均水平相当的竞争力。由于其平衡性和可控的成本效应，跟随型薪酬策略成为众多企业首选的薪酬管理方式，其中在那些希望维持稳定人力资源环境而不愿在薪酬上过度竞争的组织中尤为常见。

第三，滞后型薪酬策略表现为组织设定的薪资标准低于市场或竞争对手的水平。这种情况通常源于企业的利润率较低，成本负担能力有限，因而无法支撑起较高的薪酬体系。

第四，权变型薪酬策略则体现了灵活性，它允许企业在不同的薪酬组成要素间采取差异化的政策，根据薪酬水平的波动和竞争对手的薪酬状况适时做出调整，以应对市场变化。

第五，在传统上，领先型薪酬策略、跟随型薪酬策略和滞后型薪酬策略被广泛认知和应用，但如今，随着企业对个性化和市场响应速度的需求提升，综合型薪酬策略与跟随型薪酬策略一样，成为最受青睐的选择。

（二）薪酬的作用

薪酬的作用是多维的，它不仅深刻影响着员工的个人生活，也对企业和整个社会产生着重大影响。

第一，薪酬作为员工主要的经济来源，对维护员工及其家庭的生活质量和稳定性发挥着至关重要的作用，为员工提供了一种基本的经济安全感。

第二，在组织环境中，薪酬状态直接影响员工的工作表现、态度和绩效。企业常利用薪酬激励机制激发员工的积极性和忠诚度，促使他们更高效地服务组织目标，彰显了薪酬的激励功能。

第三，合理规划的薪酬体系有助于企业成本的有效控制，通过精准的预算管理和薪酬结构优化，实现财务资源的合理分配。

第四，薪酬策略能够通过吸引并保留高绩效员工、激发员工潜能，直接促进企业整体绩效的提升，展现薪酬策略在企业成功中的关键作用。

第五，一套公正且富有激励性的薪酬制度能够促进企业文化的建设，或对现有文化形成正向强化，营造积极向上的工作氛围。

第六，在企业转型过程中，薪酬也扮演着不可或缺的角色。通过调整薪酬体系，可以激发员工的变革意愿，创建有利于改革的内外部环境，加速企业变革的步伐。

第七，薪酬水平不仅是人才市场价值的直接反映，也是企业市场竞争力的象征，向外界传达了企业健康状况和吸引力的信号，具有显著的社会信号功能。

## 三、薪酬的支付依据和相关法律规定

### （一）薪酬的支付依据

薪酬的支付依据通常是指企业支付员工薪酬时参考的各种标准和考量因素。通常涵盖以下几个方面：员工所在的职位、担任的职务、个人的技能与能力、工作经验，以及工作表现等。

以员工所在的职位为基础确定薪酬是一种常见做法，多数企业采纳此法。职位的价值往往体现在员工承担的责任、对组织的贡献，以及所需的知识和技能水平上。另一种依据是员工的职务，即按照职务等级来决定薪酬。虽然这种做法简化了薪酬体系，但它未能充分反映相同职务在不同职位上的差异性。职务与职位的区别在于职位不仅能体现层级差异，还能反映工作性质的多样性，而职务主要反映层级信息，较少涉及具体工作性质的细节。

从员工的技能、能力和经验的角度来看，薪酬的发放依据往往是个人的专业技能或职业能力。基于技能和能力在定义上的细微差别，实践中通常对一线员工依据其掌握的技能水平来确定薪酬，而对于管理层，则更侧重评价其领导和决策能力。此外，还有基于业绩的薪酬分配和市场价值的薪酬设定。与业绩相关的薪酬侧重个人、团队或整个组织的绩效表现，而市场导向的薪酬则根据行业标准和市场供需关系来决定薪酬水平。这些薪酬发放方式与企业采用的薪酬制度息息相关。在现代企业管理中，常见的薪酬制度包括但不限于以下方面。

第一，岗位工资制。岗位工资制是一种薪酬体系，它基于员工在其组织内担任职位的性质来设定工资等级和标准。这种制度的设计原则在于，企业的薪酬决策通常受到工作角色的重要性、任务的复杂度、对业务的贡献度、工作环境的安全性以及岗位所需资质的影响。其核心思想是基于不同岗位产生的价值存在差异，理应给予差异化的薪酬待遇。此外，对于超出岗位基本要求的能力，岗位工资制并不额外奖励，而是鼓励员工通过晋升至更高职位来实现薪酬增长。

第二，技能工资制或能力工资制。技能工资制本质上是一种薪酬机制，它依据员工掌握的技能水平或能力高低来决定其薪酬待遇。在这种制度下，企业评估员工所具备的、与工作相关的技能或能力，以及这些技能对企业运营的价值，进而确定相应的工资等级。

技能可以划分为三种类型：深度技能、广度技能以及垂直技能。深度技能专注岗位所需的专业知识和技能，体现在个人能力的纵向深化上，旨在推动员工在特定领域内精进，促进其成为该领域的专家；广度技能则侧重跨岗位的通用知识与技能，反映在能力的横向扩展上，鼓励员工多元化发展，掌握多种技能，培养其成为多面手；而垂直技能关注的是个人的自我管理能力，包括计划制订、领导力、团队协作等与管理工作相关的技能，目的在于引导员工向更高的管理层级迈进，成长为全面的领导者。

技能工资制与能力工资制深刻体现了"以员工为中心"的管理哲学，为员工提供了广阔的成长空间和展示才华的平台。这两种薪酬制度不仅促进了企业内部人力资源的合理规划，还优化了员工的职业路径设计，使得个人发展与组织目标更加紧密地结合在一起。

第三，绩效工资制。绩效工资制实质上是对员工过往工作表现和成就的一种肯定，作为基础薪资外的补充，其重心在于构建一个公正透明的绩效考核框架。绩效工资的发放通常与员工的工作业绩直接挂钩，呈现出动态调整的特征。

在实践中，绩效工资制不仅能激发个人与组织的效能提升，也是确保薪酬体系内部公平性与效率的关键机制。此外，它还具备控制人力成本的益处。然而，在执行绩效工资制时，也需警惕潜在的负面影响，如员工可能过分注重短期绩效目标，忽视组织的长期发展战略，导致其行为短视。同时，过于强调成本控制可能导致员工流动性增加，削弱员工的忠诚度和团队凝聚力，对组织的稳定性构成威胁。

第四，激励工资制。激励工资制是一种直接与工作表现挂钩的薪酬模式，它既可以针对短期内的个人或团队成绩，也能着眼长期的组织绩效。激励工资的发放形式灵活，既可以是即时的一次性奖励，也可以是持续性的薪酬调整。

值得注意的是，激励工资制与绩效工资制在目标和操作上有所区分。激励工资着重通过薪酬激励引导员工未来的行为和表现，其发放通常是一次性的，不会造成长期固定成本的增加；相反，绩效工资制旨在表彰员工以往的杰出贡献，其发放方式通常与基础薪资合并，一旦评定，便会永久性地成为基础薪资的一部分。

在实际应用中，组合工资制日益受到青睐。这种制度融合了两种或两种以上的薪酬模式，旨在最大化发挥各种薪酬体系的优势。常见的组合工资制包括岗位技能工资制和岗位绩效工资制，前者强调技能与岗位价值，后者则重视绩效与贡献，两者相结合可形成更为全面和灵活的薪酬管理体系。

（二）薪酬的相关法律规定

现今，薪酬管理的法律框架正逐渐成熟且详尽。这一框架主要由两大类法律文件构成：规范性法律文件和准规范性法律文件，它们共同构成了薪酬监管的法律基础，通常嵌入各项劳动法规中。

规范性法律文件涵盖了广泛的成文法律，如《中华人民共和国劳动法》及其相关的行政法规，这些法规由中央政府颁布，旨在规范薪酬管理。此外，还包括由各部委、劳动部门单独或联合制定的专项劳动规章，省级政府出台的地方性法规与规章，以及由国际组织或多国共同签署的涉及薪酬规定的国际法律文件。

准规范性法律文件同样具备正式法律文件的约束力，其主要内容涵盖各类劳动政策、劳动标准、对规范性劳动法规的解释，以及集体劳动合同等。这些文件作为劳动法规的补充，由劳动管理部门制定，旨在细化和量化法规的执行标准，确保其在实际操作中的准确性和可行性。

在资本主义发展历程中，薪酬与福利法的早期制定，其初衷在于调和劳资双方在薪酬福利方面的矛盾，对雇主的行为设限，以保护劳动者权益，确保劳资关系的公平与和谐。

我国在企业薪酬管理领域制定了一系列法规和规范薪酬体系，以保障员工权益。自 1991 年起，《国务院关于企业职工养老保险制度改革的决定》确立了养老保险的新机制。随后，1993 年发布了一系列规定，包括《企业最低工资规定》《职业技能鉴定规定》《国有企业职工待业保险规定》《女职工工作时间的规定》。1994 年，《中华人民共和国劳动法》的出台标志着我国劳动法律体系的进一步完善。此后，陆续制定了多项配套法规，如《工资支付暂行规定》《中华人民共和国劳动部关于实施最低工资保障制度的通知》《国有企业工资内外收入监督检查实施办法》《外商投资企业工资收入管理暂行办法》《企业职工生育保险试行办法》《企业职工患病或非因工负伤医疗期规定》《企业职工工伤保险试行办法》等。

在劳动法规中，"工资立法"特指对最低工资标准和工资发放保障的法律条款，旨在确保员工的基本生活需求得到满足，并维护其合法权益不受侵犯；"雇员待遇与福利立法"则具体涵盖了工作时间安排、休息休假权益、工作环境安全与健康，以及社会保障体系的规范，全方位保障员工的福利和工作条件。

其中，工时法是国家通过立法手段，对员工每日和每周工作时间上限做出明确规定，旨在保护劳动者免受过长工作时间的危害，确保其身心健康。

关于工作日的分类，法律也进行了详细界定，具体如下。

（1）正常工作日制度规定，每天工作时间不超过 8 小时，每周累计不超过 40 小时。

（2）对于特定工作环境，如矿山、高山作业，涉及有毒物质、夜班工作，以及怀孕女工，其工作日需短于 8 小时。

（3）在特定条件下，工作日可延长，但最长不得超过 11 小时。

（4）无定时工作制主要适用于高级管理人员和营销岗位人员，其工作时间较为灵活。

（5）综合计算工时制被铁路、邮电、旅游业、渔业等行业采用，以综合方式计算工作日时长。

（6）弹性工作制允许员工在标准工时框架内，根据事先约定，自主调整工作时间长度。

（7）非全日工作制特指以小时为单位计算薪资的工作安排，主要针对小时工群体。

此外，还有其他制度如带薪休息、休假和加班补偿等规定。

劳动保障法在市场经济环境下扮演着关键角色，其核心目标是通过政府和法律的双重机制，消除劳动力市场中的不公平待遇，特别是针对歧视现象。对此，中国法律有明确规定，具体如下。

（1）禁止任何基于种族、肤色、宗教信仰或性别的偏见，不得以此为由拒绝聘用或解雇员工，同时确保在就业机会、薪酬待遇、工作条件和合同期限等方面对所有人一视同仁，杜绝任何形式的歧视。

（2）特别强调了对女性劳动者的平等对待，确保她们享有与男性劳动者同等的薪酬和福利待遇，包括但不限于同工同酬原则、平等享受社会保险福利，以及为女性提供包括生育和产假在内的特殊劳动保护措施，以维护其合法权益和职业发展。

# 第二节　薪酬管理的内容

薪酬管理是企业基于战略思考，对员工薪酬的制定、分配和调整的一系列决策活动，它聚焦确定薪酬的标准、水平及结构，是人力资源管理中的核心环节。传统薪酬管理模式侧重物质报酬的分配，较少关注员工的心理状态和行为动机，其重心在于薪酬本身的物理属性。然而，现代企业的薪酬管理视角也发生了转变，更加注重人的因素，强调薪酬制度对员工行为和心理的影响力。企业目标的达成离不开有效的员工激励，因此，现代薪酬管理将物质报酬的管理与员工激励机制紧密结合，构建了一个相辅相成的体系，旨在通过合理的薪酬策略激发员工潜力，推动企业目标的实现。

## 一、薪酬体系管理

（一）薪酬体系

薪酬体系通常由几个关键部分组成：基本薪资、补充报酬、绩效薪酬及额外福利。

基本薪资是构成薪酬体系的基石，它不仅代表了岗位对组织的贡献价值，也与市场上同类工作的薪酬水平保持一致，确保了薪酬的外部竞争力和内部公平性。补充报酬，即津贴，作为基本薪资的补充，反映了除个人绩效外的其他因素，如工作环境、工作时间和地理位置等，用以补偿员工在特定条件下的额外付出。绩效薪酬作为对基本薪资的增补，直接关乎员工或团队的绩效表现，并激励员工提升工作效率和质量，以实现个人绩效与企业目标的统一。额外福利，又称"间接福利"，是薪酬包中的非现金部分，包括健康保险、退休金计划、带薪休假等，虽然不直接体现在员工的工资单上，但是整体薪酬吸引力的重要组成部分。

然而，工资的结构和福利的分配均深受薪酬体系设计的影响，而这正是薪酬管理中的核心议题。不当的薪酬制度选择可能导致同一级别岗位的内在价值无法准确区分，引发评价标准主观化和透明度下降的问题。此外，这还可能阻碍企业内部的人力资源配置和职位晋升，削弱员工的进取心和工作热情，进而引起高流动率，制约生产效率和发展势头。更严重的是，不当的薪酬制度无法有效区分不同层级员工对公司业绩的贡献，丧失了薪酬应有的激励效果，甚至促使某些员工隐瞒真实业绩，损害了整体的诚信氛围。至于福利分配，其重要性同样不容小觑。若仅在福利层面推行平均主义，将无法实现通过福利激励吸引并保留关键人才的目标，反而可能影响公司正常的人才流动，对团队士气和公司长期发展造成不利影响。

构建一个公正的薪酬制度必然根植于对人力资本价值的认识。这一制度的独特之处体现在几个方面：一是采纳了一种宽泛的薪酬架构，摒弃了传统的、范围有限的薪资框架；二是该制度的核心聚焦员工个人的能力和发展，而非单纯的工作岗位；三是在确保组织内部薪酬平衡的同时，更加突出了外部市场动态对薪资水平的影响；四是这种制度倾向增强与集体或团队表现挂钩的变动薪酬比例，同时高度重视对个人成绩和效率的表彰与激励。

（二）薪酬体系的分类

企业的薪酬体系通常划分为五大主要类别，具体阐述如下。

1. 以年资为基础的薪酬体系

以年资为基础的薪酬体系侧重提供稳定的生活支持，并维持平稳的收入流，减少人员流失，因而将雇员的工龄及在公司服务的时间视作薪酬决策的关键要素。员工薪资的提升直接关乎并反映在其为企业服务的持续时间上。这种体制旨在将个人职业成长与公司长期发展同步，但也暴露一些局限性。比如，未能充分反映员工对公司实际贡献的大小，抑或激发员工的学习动力和工作积极性。这种薪酬体系常见于那些拥有成熟内部劳动力市场、实施终身雇佣政策，或者极少辞退员工的企业中。

2. 以职位为基础的薪酬体系

以职位为基础的薪酬体系构建于对岗位价值评估的基石上。员工基本薪资的差异主要由他们扮演角色的差异决定，通过细致的岗位分析与评估、岗位等级与薪酬标准得以对接。在以岗位为核心的薪酬架构下，只要岗位职责或影响力有所调整，薪酬便会随之上调，而不论员工是否出色完成了岗位任务。这种制度能够激发员工强烈的事业心，但也表现出一定的僵化性，倾向机械化管理，缺乏足够的灵活性。

3. 以技能为基础的薪酬体系

以技能为基础的薪酬体系紧密关乎员工的工作性质，其核心理念在于依据个人持有的资质认证或培训成果，即其技能的熟练程度来设定薪酬标准。根据岗位需求的特性，无论是技能的广度还是深度，都可成为薪酬调整的关键考量。此制度旨在激励员工持续进修，主动提升那些能够直接促进工作效能的技能，从而推动公司的进步。最大的益处在于企业能够维系一支高效率、精简的员工团队，有效防止人员冗余，并在人员配置上享有高度的机动性。然而，基于员工的职级与其掌握的技能水平直接挂钩，这将促使员工热衷参与专业培训，以迅速晋升至更高的薪酬级别。如此一来，可能导致大部分员工的薪资集中在较高水平，从而增加企业的运营成本，最终削弱其产品在市场中的竞争优势。

4. 以能力为基础的薪酬体系

以能力为基础的薪酬体系聚焦评估员工的价值创造潜力，强调挖掘内在潜能，着眼长远发展。基于员工个人能力往往是个人与企业共同成功的基石，该体系通过激励员工培养和提升关键能力，以增强其工作表现，进而提升整个企业的竞争实力。在这一薪酬体系下，需对员工的特定能力进行评估，对那些能力出众的员工给予更为丰厚的报酬。员工的才能往往体现在知识的广博、技能的精湛，以及经验的丰富上。然而，个人能力并非总是易于明确定义与量化的，因此将其作为薪酬决策的基础存在一定的挑战性，实施起来也相对复杂。

5. 以绩效为基础的薪酬体系

以绩效为基础的薪酬体系下，薪资的提升紧密挂钩于业绩表现。它尤为注重员工过往的工作成效，将个人对企业的实质贡献作为薪酬调整的关键考量。

## 二、薪酬结构管理

薪酬结构管理涉及薪酬组成部分及其各自占比的决策制定，主要包括基础薪资、奖励薪资、津贴、福利和服务以及可变薪资等关键因素。

（一）基础薪资

基础薪资是构成薪酬体系的基石，用于计算其他薪酬成分的比例，其设定通常考量员工所属部门、所任岗位、职务，以及个人劳动差异等因素。

（二）奖励薪资

奖励薪资主要基于员工超出标准工作量的有效额外贡献，它是对员工在达成常规目标后，继续投入额外有效劳动的一种经济回报。

（三）津贴

津贴大致分为三类：与工作条件密切相关的津贴、保障生活质量的津贴以及地域性津贴。津贴是企业向员工提供的补偿，旨在弥补员工因在特殊劳动环境下工作，或从事高强度劳动而产生的额外付出，确保员工的生活水平不受影响，以及补偿因特定地理位置和自然环境导致的生活成本增加。

（四）福利和服务

福利和服务是指企业在除了直接与劳动相关的薪酬外，所提供的全面保障和激励举措，目的是稳固并提升员工及其家庭成员的生活品质。这些措施覆盖生活的多个层面，包括但不限于社会安全保险、带薪休假、健康疗养服务、文化娱乐活动等。

（五）可变薪资

可变薪资往往带有薪酬递延支付的特点，其价值的实现通常伴随着资本的增值，尤其适用于对管理层的激励机制。比如，优先购股权、股票期权、模拟股票权益以及与绩效相关的股权奖励等皆属于可变薪资的范畴。

## 三、薪酬发放方式的管理

薪酬发放方式涉及是依据工作时长还是依据产出量或销售量来计算报酬，这是薪酬发放的基本原则。主要存在两种发放模式：一是按时间计算薪资，二是按件计算薪资。

按时间计算的薪资体系，即计时工资制，意味着员工的报酬依据其工作时数来决定，如以小时、周或月为单位。这种模式常见于行政和管理人员的薪酬计算。计时工资制的优势在于计算简便，易于操作。然而，它也有不足之处，比如，无法准确反映劳动强度和实际产出，加之激励效果较弱，可能导致较高的管理成本。

按件计算薪资体系将员工的薪酬直接与他们的产出量或工作量

相连。例如，销售代表的佣金便是一种典型的计件工资形式，其中薪酬直接与销售业绩相挂钩。这种模式的优点在于能够直接将员工的工作成果转化为经济回报，从而有效激发员工提升业绩的积极性。然而，按件计算薪资体系也存在显著缺陷，最主要的问题是可能诱导短视行为，比如，生产员工可能过分追求产量而牺牲产品质量，或忽视对生产设备的维护保养。此外，实施计件工资面临多重实际限制，比如，工作性质必须可量化，并且能够明确归属于个人或小组；工作节奏应由员工自主掌控，而非受外界不可控因素的制约。

# 第三节　员工福利的管理

福利作为企业向员工提供的间接报酬，是公司在基本薪资和变动薪酬之外，为了满足员工及其家庭成员的生活需求，所提供的一系列以货币、实物或服务形式呈现的额外报酬。在当今的组织或企业环境中，福利在整体薪酬结构中的比重日益增加，对员工的激励作用和对组织的影响也变得越发显著。

## 一、员工福利功能

### （一）吸引和保留人力资源

在择业时，越来越多的求职者将福利视为极其关键的考量因素，优厚的福利已成为企业提升劳动力市场竞争力的重要杠杆。为此，众多组织与企业不仅满足国家规定的福利项目，还积极创设额外的福利计划，以此稳固员工队伍，有助于控制运营成本并提升工作效率。

（二）有利于企业文化的建设

企业日益注重员工对其文化和核心价值观的认同感。福利项目不仅映射出企业的管理风格，还是企业向员工表达关怀与支持的渠道。因此，秉持以员工为核心的理念，精心设计多元且充满吸引力的福利方案，对于塑造企业的价值观念和培育独特的企业文化具有举足轻重的意义。

（三）合理避税

福利项目还能帮助企业与员工实现合法的税务优化，确保在相同的成本投入下，员工的净收入得以增加，这对企业控制成本同样有利。根据当前的个人所得税规定，通过福利方式发放的报酬能够让员工在享受相应收益的同时，享受税收减免的优惠，这不仅极大地提升了人力资源成本的利用效率，也是福利制度备受青睐的一大缘由。

## 二、员工福利的类型

尽管不同企业提供的福利具体内容存在差异，但通常可以将福利项目归纳为两大类：一是国家法律法规规定的法定福利，二是企业根据自身情况自主设立的福利项目。

（一）国家法定福利

国家法定福利是指企业根据国家相关法律法规必须向员工提供的福利保障，它为员工的工作与生活构筑了基本的安全网，具有法律强制性，所有企业均需遵照执行。

1. 养老保险

养老保险是依据国家统一政策，依法强制实施的一项社会保险制度，旨在保障劳动者在达到退休年龄、失去劳动能力时，能够获得必要的经济援助，以满足其晚年生活的基本需求。作为社会保险体系的基石，养老保险覆盖面广，社会影响深远，直接关联社会稳定和经济发展。

2. 失业保险

失业保险是一种由国家和企业联合提供的社会保障体系，它为因非个人意愿而暂时失去有偿工作或收益的员工提供一定的经济救助，确保他们在失业期间能够维持基本生活，同时维护企业劳动力的稳定性。失业保险的保障内容包括失业救济金、医疗补助、丧葬补助、抚恤金、职业培训和就业指导补贴等，其根本目的在于保障非自愿失业者的日常生活，并协助他们重返职场。

3. 医疗保险

医疗保险作为公共福利体系中的核心组成部分，是国家与企业为保障员工因生病或工伤暂时无法工作时，提供休养假期、经济补偿及医疗救治的社会保障机制。基本医疗保险体系涵盖了职工基本医疗保险、城市居民基本医疗保险以及新型农村合作医疗制度。

4. 住房公积金

住房公积金制度是指单位与在职员工共同缴纳的长期住房储蓄基金，它是住房分配实现货币化、社会化及法制化的重要体现。单位与员工都有法定义务缴纳住房公积金。住房公积金制度是国家法律确立的一项关键住房社会保障体系，具有强制执行、相互支援与保障民生的特征。

5. 公休假期和法定假日

当前，我国已实施了每周双休的公休日制度，并且明确了元旦、春节等一系列法定节假日。对于在公休日及法定假日加班的员工，应给予相当于基本工资三倍的加班补偿。

6. 带薪年假

带薪年假制度是指员工在连续工作满一年后，有权享受一段带薪休假的时间。

（二）企业自主福利

企业自主福利是组织或企业根据自身意愿，旨在满足员工及其家庭成员的生活与工作需求，除基本薪资外所提供的多样化福利项目。相较于法定福利，企业自主福利的种类更为丰富，实施也更加灵活。

1. 企业年金

企业年金作为社会基本养老保险体系的延伸，是在企业和员工依法参与基本养老保险的前提下，自主设立的一种补充性养老保障机制。在市场经济环境下，企业年金构成了企业薪酬福利体系的关键环节。从企业角度来看，它是吸引和保留人才、激发员工工作热情、提升劳动生产率的有效工具；从员工个人角度出发，它能显著提高退休后的生活质量。作为养老保险体系的多元化构成，在国家宏观政策的指导下，企业年金由企业自主决策和实施。

2. 住房补贴或津贴

住房补贴或津贴是企业为确保员工享有优质居住条件而提供的福利措施，其形式多样，主要包括：依据员工的薪酬等级和职位层级设定贷款上限，在银行贷款的特定额度与期限内，企业负责承担贷款利息的月度支付；根据员工的任职年限和资历，发放一定数额的住房补贴；企业购置或自建住宅，以零租金或远低于市场价的价格出租或出售给员工；全额或部分补偿员工租赁房屋的费用。

3. 交通补贴

交通补贴是指企业为方便员工通勤而提供的交通便利，具体措施包括：安排专车接送员工上下班、依据规定报销员工的交通费用，或每月固定发放交通补贴。

4. 伙食补贴或免费工作餐

企业为员工提供的福利还包括免费或低成本的午餐服务，或是给予一定金额的工作餐补助。

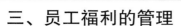

## 三、员工福利的管理

为确保企业向员工提供的福利能够达到预期的效果和价值最大化，在实际操作中，福利管理通常遵循以下步骤来进行实施。

### （一）福利调研阶段

为确保所提供的福利切实符合员工的实际需求，首要步骤是对福利需求进行调研。我国多数企业往往忽视了这一环节，单方面向员工提供福利，尽管投入了大量资金，但收效甚微。在开展福利调研时，企业可以提供一个福利选项清单供员工挑选，或直接征询员工的建议和意见。

福利调研主要包含两个方面：内部调研和外部调研。内部调研主要关注员工的具体需求，但这些需求是否合理、企业整体的福利水平应该如何设定需要通过外部调研来解答。

### （二）福利方案设计阶段

完成福利调研后，接下来的步骤是福利方案的设计。首先，企业需结合内部调研与外部调研的成果和自身的经营状况，甄选出将要提供的福利项目。其次，对福利成本进行详细预算，涵盖总福利开支、各项福利内容的费用以及每位员工的福利成本等细节。在确保公司福利方案具备市场竞争力的同时，尽可能地控制福利成本，制定出福利项目预算，明确各福利项目的成本，并据此制定详尽的福利成本规划。最后，企业应制定出具体的福利执行方案，包括福利产品或服务的采购、支付流程及保管制度等细节。

## （三）福利实施阶段

在福利实施阶段，企业将根据预先设计的福利实施计划，向员工提供实际的福利待遇。在执行过程中，需要平衡原则性与灵活性，除非遇到特殊情况，否则应严格按照既定计划执行，以有效管控福利成本。同时，保持实施流程的弹性，进行定期审查和监控，确保福利提供的效果与预期相符。

## （四）福利的反馈阶段

福利实施阶段告一段落后，企业应当对员工展开反馈调查，借此机会发现福利调研、计划制订和执行过程中可能存在的问题，进而持续优化福利实施流程，提升福利管理水平。同时，积极借鉴其他组织和企业的优秀实践，不断调整和完善福利项目，以更贴近员工的真实需求。

## 四、员工福利管理现状

以国有企业为案例，现今，企业已深刻认识到员工福利管理的必要性，据统计，在我国部分著名的国有企业中，用于员工福利的开支已占据员工总支出的 50% 以上，这一数字相当显著。从当前企业员工福利的规划与实施情况来看，员工福利主要呈现为两大类：法定福利和企业自主设定的福利。

法定福利是指由国家立法强制推行的福利体系和相关政策，其核心内容涵盖社会保险体系及休假制度。在社会保险方面，典型示例为企业普遍执行的"五险一金"中的"五险"，具体包括养老保险、医疗保险、失业保险、工伤保险和生育保险。在休假制度上，法定福利覆盖了各类法定假日、公休日以及带薪年假，带薪年假还细分为探亲假、婚假、丧假等。

企业自主设定的福利是基于员工需求、组织的战略目标以及财务健康状况，由企业自行构建的福利系统，它主要分为经济性福利和非经济性福利两大类。经济性福利包括企业补充养老金（企业年金）、补充医疗保险计划、带薪年假、节日礼品、住房提供、交通补贴等；而非经济性福利则涵盖法律咨询服务、心理健康辅导等。

就法定福利而言，国有企业均严格遵循国家相关法规执行。但在企业自主福利方面，多数企业尚未充分利用其自主权和主动性。由于对福利管理的重视不足、认知偏差，或缺乏专业人才，在实际操作中存在若干问题，未能充分发挥员工福利的激励效果。

（一）员工福利管理认识片面化

我国不少企业对构建完善的员工福利体系重视不足，未能充分认识到其有效性和合理性，往往只是在响应政府政策的号召下，被动地制订福利计划，甚至存在一种误解，即认为福利作为整体薪酬的一部分，无须单独体现，完全融入工资即可。因此，企业往往长时间维持不变的福利政策，甚至逐渐削减福利项目和支出。然而，在经济持续发展、民众生活水平不断提高的当下，单一的薪资激励已难以满足员工多元化的需求。薪资主要反映员工岗位的价值和绩效表现，而福利则更多地体现了企业对员工的关怀和尊重，它能更直接地传递企业的管理哲学和文化内涵，更有利于增强员工的忠诚度和提升企业的品牌形象。

（二）员工福利管理模式陈旧化

许多国有企业，尤其大部分民航企业，由于受到体制限制和传统管理观念的束缚，仍旧沿袭多年前的管理模式和项目，福利方案往往由企业单方面制定，缺乏员工的参与和反馈。这样的福利项目设置既难以跟上社会经济快速发展的步伐，也无法满足员工日益变化的需求。在员工看来，这些福利更像国家法律规定的应有权利，而非企业对员工关怀的体现，这使得员工的满意度和工作热情难以得到有效提升。

（三）员工福利激励性弱

当前，虽然某些企业主导的管理模式便于统一管控和简化薪酬体系的执行流程，但导致福利计划与员工真实需求之间存在显著差距。福利项目普遍呈现出"一刀切"和"平均主义"的特点，员工普遍感到"不需要的福利过多，而渴望的福利却缺失"。对于表现优异的核心员工，企业并未通过特别的福利待遇凸显对他们的重要性和贡献的肯定，这容易引起员工的不满情绪。此外，福利实施过程中与员工的沟通不足，不仅使员工对自己享有哪些福利项目不甚清楚，而且无法感受到企业对他们的关怀。因此，尽管企业在这方面的投入巨大，但员工的感知度不高，福利与员工需求的脱节严重削弱了福利应有的激励效果。

（四）员工福利成本控制不当

部分企业在制定福利策略时缺乏前瞻性和独立思考，盲目跟风，仅依据市场状况来调整福利水平，而未能全面考量外部经济环境及企业自身的财务实力，导致在企业长期发展中福利成本负担日益沉重，难以持续。有时，为应对激烈的市场竞争压力，企业有可能采取削减福利的手段来缓解成本压力，但这往往会形成不良循环。当员工察觉到福利待遇缩水时，他们对企业的信心、忠诚度和认同感会随之降低，最终可能导致人才流失。

## 五、企业员工福利优化与管理创新

在当前市场环境下，竞争日趋激烈，企业对于福利制度的优化和管理创新显得尤为关键。企业应当更新福利观念，构建福利创新体系，强化宣传与沟通工作，同时做好福利成本的管控。站在员工的角度，深入了解并重视其生活质量和职业发展的需求，以此激发员工的工作热情和对企业的忠诚度，最终推动企业效益的提升和健康持续的发展。

（一）转变福利管理观念

现代企业应当深刻理解福利实质上是一种面向未来的长期投资，福利带来的回报形式多样，企业不应仅仅着眼短期利益。企业需将福利与员工的绩效表现紧密关联，鼓励员工通过自身努力赢得更丰厚的福利待遇，以此充分调动优秀员工和核心团队的积极性。企业在设计福利方案时，应当合理设置层级差异，以体现个人贡献的价值，这样做不仅能增强员工的凝聚力，提升其归属感，还能激发其工作热情，借助科学的福利体系吸引人才，最终为企业带来长远的丰厚回报。

（二）建立福利创新机制

员工福利体系作为企业员工管理的基石，其重要性日益凸显。一套优秀的福利机制不仅能有效回应员工的福利需求，提升其满意度和企业归属感，而且对于增强企业的核心竞争力、彰显企业对员工的人文关怀、放大福利的实际效能具有不可小觑的作用。当前，许多外资企业和私营企业广泛应用的弹性福利计划应当被逐步推广至国有企业，尤其在民航业这样竞争异常激烈的领域，以扭转当前企业"投入多，回报少"的尴尬境地。

弹性福利计划实质上是根据不同员工的个性化发展需求，量身定制的一个多样化的福利组合。通过这种灵活的福利方案，企业能够真真切切地从员工的角度出发，为他们的职业成长提供实质性扶持，同时满足他们在职业生涯不同阶段的特定需求。此外，弹性福利计划有助于激发员工的内在潜力，彰显其在企业中的价值，让员工深切感受到自己是企业大家庭不可或缺的一员。这不仅能极大提升员工的工作热情和生产效率，还能促使他们更积极地参与企业的管理和日常运营，从而充分发挥员工福利的潜在效能。

1. 企业需着手制定福利方案

基于自身经营状况，在财务许可的范围内，通过细致的福利需求调研，深入了解员工的福利期待，精准把握员工的实际需求"痛点"。企业应致力于提供丰富多样的福利选项，切实解决员工面临的问题。在福利方案的规划阶段，鼓励员工积极参与讨论，这不仅能增进员工与企业之间的情感纽带，增强其归属感，还能有效提升员工的满意度。同时，员工的积极参与有助于他们更好地理解并接受最终确定的福利项目，从而给出正面反馈。

2. 企业应设计差异化的福利分配准则

综合考量员工的资历、工作绩效，以及对公司贡献的程度等多重因素，与福利层级相匹配，初步划定员工的福利标准和等级。

3. 指导员工合理利用福利

企业应帮助员工根据自身所处的福利层级，以及公司提供的福利项目，结合个人的实际需求，做出明智的选择和使用。

4. 实施福利反馈与持续改进机制

企业应定期评估福利制度的执行效果，并收集员工的反馈意见，以此为基础，不断调整和完善福利计划，以适应不断演变的经济环境和个人需求的变化。

总之，员工弹性福利制度是一种高度灵活的机制，它要求企业在实施过程中必须根据自身状况的变动，持续进行调整和优化，灵活应对。

（三）加强宣贯与沟通

在当前的管理实践中，一个深刻的体会是尽管企业为员工投入了大量的福利成本，但员工往往对此缺乏感知。这背后的原因有两个方面：一是企业提供的福利可能并未精准对接员工的真实需求，二是企业在福利的宣传与沟通上做得不够到位。比如，对于年轻员工而言，企业年金似乎遥不可及，若企业不主动宣传解释，员工可能不会充分认识到自己享有的福利待遇，更无法体会企业对他们的关心与支持，谈何激励与留任呢？因此，企业有必要加大福利待遇的宣传力度，采取多种途径确保信息的有效传达。如利用企业内部的信息网络平台、举办福利宣导会议、分发宣传资料，以及定期向员工通报其年度总收入组成等方式，全方位地让员工了解国家法定福利和企业额外提供的福利项目。通过这些举措，员工能够真切地感受到企业的心意与付出，进而增强对企业的认同感，激发更高的工作热情。

（四）做好福利成本的管控

近年来，福利成本在人工总成本中的比例呈现出上升趋势，若企业未能采取有效策略加以控制，高昂的福利支出可能侵蚀企业的市场竞争力。因此，企业必须结合自身的财务状况，将福利成本维持在一个合理区间内，防止资源浪费，降低管理成本，提升福利管理的效率，实现成本节约。在设计福利计划时，不仅要确保企业内部的公正性和激励机制，还应考量外部市场的竞争态势，企业应依据自身发展阶段和经济承受力，合理定位其在市场中的位置。即便企业寻求领先地位，也不必全面实施超越同行的福利策略，而是可以针对员工最关切的"痛点"进行精准施策，有时仅需在某一点上做出突破，就能收获显著成效。比如，海底捞并未单纯地在现金奖励上做文章，而是聚焦员工对安全（包括工作环境的安全与职业的稳定性），情感（如归属感的培养），以及尊重（包括自我价值实现、成就感的获得和被他人尊重的感受）的需求，这些直接触及员工心理需求的举措往往能激发员工极高的敬业精神和忠诚度。此外，企业还应注重管理员工对福利的期望值，鼓励员工通过个人努力，争取更高水平的福利待遇。

综上所述，员工福利管理在企业人力资源管理中扮演的角色日益关键。一套优秀的福利机制不仅能切实响应员工的福利需求，提升其满意度与归属感，还能显著增强企业的核心竞争力，彰显企业对员工的关怀与人性化管理，进而放大福利的实际效应。因此，企业需着力强化员工福利管理，妥善解决福利体系中存在的问题，确保福利的激励功能得以充分发挥。同时，福利机制应持续优化与完善，助力企业吸引并留住人才，最终推动企业实现稳健的成长。这既是员工福利机制承载的责任，也是我们不断追求的目标。

# 第四节　当前企业薪酬管理存在的问题与应对措施

## 一、当前企业薪酬管理存在的问题

### （一）企业的薪酬管理与企业的发展规划相分离

在薪酬管理实践中，务必融合企业经营战略及人力资源管理对薪酬导向的见解，否则薪酬计划的执行必将偏离轨道。企业战略定位的差异直接左右薪酬策略的选择，然而，在我国现有的薪酬体系中，多数企业采取了统一的薪酬标准，这在某种程度上割裂了薪酬制度与企业战略的联结。对于成熟企业而言，其经营策略与未来发展规划通常会随发展阶段的变迁而有所不同，因此，薪酬体系也应适时调整，以匹配企业的发展需求。遗憾的是，多数企业并未因战略调整和企业发展阶段的变化而对薪酬制度做出相应修订。更有甚者，虽然一些企业将股东的长期利益作为战略核心，但在实际操作中过于侧重短期业绩的激励，这种矛盾导致企业战略与薪酬体系相脱节。

（二）在企业内部存在着不公平的现象，在市场竞争中缺少竞争力

自改革开放以来，我国诸多行业引入了岗位聘用制、责任承包制等新型用工模式，初衷在于将员工收入与企业经营业绩紧密挂钩，以期激发员工的工作动力。然而，由于缺乏公平、合理且全面的绩效评估体系，尽管企业尽力将员工薪酬与公司效益相关联，但员工的工作效率提升并不明显。这在很大程度上阻碍了业绩管理体系效能的发挥，同时对企业的整体业绩产生了负面影响。此外，由于薪酬管理体系缺乏有效的业绩管理支撑，企业内部薪酬分配的公平性和公正性难以保证，更遑论对员工起到激励作用。对于企业中的关键人才而言，他们对企业发展至关重要，倘若薪酬体系无法体现出对这类人才的重视，那么可以断言，该企业的薪酬管理体系存在重大缺陷。若此问题长期得不到解决，必将对企业造成长远且严重的损害。

（三）目前的薪酬管理不具备透明性

在许多企业里，为了确保管理层的收入水平，常采用私下发放奖金或红包的形式来支付额外薪酬，企业对此种做法往往颇为满意，久而久之，便形成了某种隐秘的薪酬管理方式。这种不透明的薪酬体系存在诸多隐患，容易滋生员工间的薪酬猜忌，员工可能觉得某同事的工作表现并不比自己出色，为何能获得更高薪酬，而事实上，真实的薪酬差异往往是未知的，这种猜测往往导致不满情绪的无端

滋生，给企业的人力资源管理带来沉重负担。因此，适度提高薪酬管理的透明度显得尤为重要，应当鼓励员工参与薪酬管理体系的构建，尽可能地让员工为薪酬制度的制定献计献策，这样不仅能增强员工的参与感，还能有效推动企业的发展。

## （四）企业薪酬体系缺乏激励性

企业对薪酬作用的认知往往存在偏差，过分强调薪酬的保障作用，而未能充分认识到其激励属性。在很多情况下，无论员工对工作的贡献大小，"工作领薪"被视为理所当然。奖金原本是表彰优秀表现的手段，但在实践中常常沦为固定额外收入的一部分，失去了原有的激励意义。薪酬体系未能与个人绩效紧密挂钩，激励效果大打折扣。在传统薪酬制度中，岗位定员、岗位定酬成为惯例，员工若想提升收入，唯有晋升一途。即使在原岗位上表现出色，也难以获得显著的薪酬提升，唯一的奖励方式是通过发放奖金。在这种薪酬模式下，员工的激励方式几乎等同于全力以赴地争取晋升。工龄的增长意味着经验的积累和能力的提升，理论上应与绩效和贡献挂钩。然而，现行的工龄工资制度采用的是固定额度逐年递增的方式，这显然未能合理反映员工能力和绩效的提升。

## 二、当前企业薪酬管理的应对措施

### （一）贯彻相对公平原则

著名的公平理论中阐述了一个关键原则——内部一致性，它倡导企业在构建薪酬体系时秉持公正无偏的态度。这一原则具体涵盖三个维度。一是横向的公平性，它要求企业在制定薪酬标准时，应确保所有员工间的薪酬水平和衡量标准保持统一，避免产生内部的不平等感。二是纵向的公平性，这强调企业在规划薪酬体系时，需兼顾历史的连贯性，确保员工的薪酬增长与其过往及未来的工作投入与产出比相匹配，并体现出增长的趋势。这里特别指出了工资刚性的现象，即企业支付的薪资水平在常规情况下应呈上升趋势，避免下调，以免引发员工的强烈不满。三是外部公平性，要求企业的薪酬设计与行业内相似职位的薪酬水平相协调，以保持企业在人才市场上的竞争力。

建议企业在完成详尽调研的基础上，制定一套令人信服的薪资基准，涵盖固定薪资标准与浮动薪资标准。在薪资结构中，应具体划分薪酬的各个构成部分，并细化绩效考核的各项指标，确保员工清晰了解薪酬的构成要素及其具体数额。与此同时，增强薪酬制度的透明度至关重要，因为一个透明且沟通顺畅的薪酬体系有助于加深劳资双方对薪酬制度的理解，进而加快工作绩效的提升速度。

（二）建立科学的薪酬管理制度

建立科学的薪酬管理制度是企业稳健发展的基石。首要任务是深刻理解薪酬管理的科学性和合理性，确保薪酬制度与企业激励文化无缝对接，共同推动企业发展。人力资源管理的核心目标是增强员工的归属感和团队协作精神，通过激励机制激发员工的工作热情，挖掘其潜能，最大化地发挥员工价值，为企业的成长贡献力量。在设计薪酬制度时，应将诚信置于首位，塑造正确的价值观念，同时提升员工的法律意识，引导其严格遵守法律法规，秉持正确的法治信仰。重视考勤制度的建设，将考勤记录作为薪酬分配的参考依据，这不仅有助于防范无故缺勤现象，还能增强员工的纪律性，凸显企业纪律的约束力。此外，应充分认识到员工资格认证体系的重要性，它为薪酬管理提供了基本框架。定期开展员工绩效评估和岗位适应能力测评，将评估结果应用于人员调配、职务晋升和培训发展等领域，这不仅能提升薪酬考核的管理水平，还能促进整个人力资源管理体系的优化，充分发挥绩效和薪酬考核的激励功效。通常员工的薪酬水平与个人绩效密切相关。基于此，在实施薪酬考核管理时，应高度重视绩效考核的核心宗旨，采用科学的绩效管理模式与评估方法，为分配决策提供可靠的依据。通过对绩效考核结果的深入分析，企业能够准确识别发展中的短板，并迅速采取改进措施，从而推动绩效管理体系的科学性和实效性不断提升。企业各级管理者及人力资源部门应充分重视考核结果的应用，确保企业战略目标的顺利达成；同时，应合理运用考核指标，从多个维度深入探究员工绩效不佳的根本原因，充分发挥绩效考核的激励机制，全面提升员工的综合素质与能力。

（三）优化薪资结构

在企业薪酬管理的实践中，薪资结构的优化与调整是重中之重。

企业可以借助岗位价值评估工具，对不同岗位的工作性质进行量化评估，以此提升评价的准确性，深入了解各岗位所需的专业知识深度、问题解决能力和岗位责任感。采用统一的评估标准对相似岗位进行管理，能够增强岗位评价的均衡性。在进行员工分类与薪资等级构建时，应结合企业的职业发展路径与员工实际工作特性，充分考虑不同员工的个性化需求。通常员工的薪酬结构包括固定薪酬和浮动绩效工资两大部分。固定薪酬的设定应考虑员工的年龄、职位和工作表现等因素，而浮动绩效工资则依据员工的个人绩效、工作效率、工作态度和同事评价等指标确定。根据不同专业的特点，科学调节固定工资与浮动绩效工资的比例，确保薪酬分配的公平合理。在计算岗位定额工资时，应参照工资构成体系及配比关系，结合企业产值和经济效益，合理划分工资等级。同时，企业需深入了解员工的职业发展需求，并以此为依据，优化工资普调和个别调整制度，细化薪酬体系，通过完善的薪资机制激发员工的工作热情，为企业的持续健康发展提供强劲动力。

（四）完善薪酬考核体系

企业内部健全的薪酬考核体系应与员工的业绩表现及福利待遇紧密相连，并将其纳入绩效考核的范畴，持续优化绩效考核指标。正向激励固然重要，但在必要时，对违规行为施以适度惩罚同样不可或缺，尤其对那些屡次违反规定且不思悔改的员工，应加大惩戒力度。薪酬考核管理作为企业战略的关键组成部分，其实施效果直接影响企业绩效目标的分解与战略目标的达成。因此，企业战略必须渗透至每个部门及每位员工的绩效考核中，促使员工在提升个人绩效的同时，时刻关注企业战略目标的进展，自觉履行职责，激发创新活力，防止企业战略目标的淡化。在与各部门合作制定绩效目标与考核指标时，要确保企业战略与整体绩效目标的高度融合。在战略执行过程中，应将绩效目标与战略意图逐步细化，明确至每个部门和每位员工，确保战略目标的落地与执行。此外，应着力提升绩效管理的效能，确保薪酬考核制度与人力资源管理系统实现有机融合。作为人力资源管理的关键环节，薪酬管理与绩效管理需与其他模块无缝衔接，避免薪酬考核流于形式，必须让全体员工深刻理解薪酬考核管理的重要性。构建科学的绩效管理制度与奖金分配机制，优化企业薪酬福利体系，制定详尽的员工绩效考核表，确保员工清晰认识到绩效管理、物质激励与职业发展之间的紧密联系。将绩效考核的结果合理融入薪酬考核与物质激励中，全面激发员工的工作热情。在薪酬考核管理的引领下，满足员工的精神与物质需求，持续优化与完善薪酬考核管理成效，以实现企业与员工的共赢。

（五）建立薪酬沟通渠道

在企业薪酬管理的具体操作中，构建和优化薪酬信息沟通渠道显得尤为重要。通过畅通的薪酬申诉渠道，企业能够迅速掌握员工的反馈与需求，从而提升薪酬管理的效率与科学性。特别是，在竞争激烈的市场环境中，企业欲增强自身竞争力，就必须妥善协调员工关系，充分利用薪酬沟通机制，激发员工的工作热情。为此，企业应将薪酬信息沟通与薪酬管理计划有效整合，建立健全的薪酬管理制度。在制定薪酬方案时，各部门人员应加强交流，对现有薪酬计划进行深入剖析，提高薪酬方案在部门与员工层面的接受度。同时，企业应及时与员工进行沟通，增加员工对薪酬管理的参与度，全面优化薪酬方案并确保其有效实施。

（六）打造良好的企业文化环境

在构建薪酬激励机制时，企业不仅要关注机制本身的构成，还要紧跟时代步伐，摒弃陈旧观念，深刻理解企业文化环境的塑造对于机制成功实施的重要性。企业文化在企业发展历程中扮演着举足轻重的角色，它直接影响着员工的心理状态和工作态度。积极向上的企业文化能够激发员工的正能量，增强工作热情；反之，则可能滋生消极情绪，阻碍企业健康发展。具体而言，在打造企业文化环境时，首先，企业应着眼增强员工的凝聚力，大力培养员工的企业归属感和团队协作精神，激励员工以积极主动的姿态投身日常工作中。其次，企业需营造创新文化氛围，鼓励员工勇于创新，点燃创新的火花，通过个体创新带动整体创新，推动企业创新战略的实现。尤其在经济快速发展的今天，科技日新月异，企业要想保持长久的竞争力，就必须不断创新，为实现可持续发展目标注入源源不断的动力。

（七）重视管理人员培训

每一项事业的成功都离不开优秀人才的驱动。在企业优化与革新薪酬管理的过程中，对管理人员进行系统培训显得尤为重要。首先，培训内容应涵盖深入的企业人力资源管理知识，确保管理人员对创新的经营模式有准确的理解和把握；其次，通过实践锻炼，促进理论与实战经验的有机结合，这对于培养创新型管理人才尤为重要。在日常工作中，他们对工作的总结与反思是创新的源泉，促使他们不断探索适应新时代的管理技巧和人才激励策略，确保管理措施能够切实执行，为企业的健康发展提供坚实的人才基础。同时，企业应大力推行培训激励机制，特别是在信息时代背景下，构建数字化的培训平台和人才数据库至关重要。借助信息技术，企业可以全面分析人力资源现状，科学开展管理人员的教育培训，对培训效果进行客观评估，据此建立有效的培训激励体系。

# 第四章　现代企业人力资源管理的创新发展

## 第一节　现代企业人力资源管理人员的角色转变

人力资源管理对企业存续与壮大至关重要，要最大化其效能，需构建一套科学的管理体系，并对人力资源管理在企业战略中的角色与定位有精准的理解。

### 一、人力资源管理在现代企业中的角色定位

人力资源被视为企业中最宝贵的资产，尤其在知识经济蓬勃发展的今天，企业欲在竞争中抢占先机，人力资源的作用不可小觑。随着人力资源影响力的增强，其管理模式也相应调整，从传统的侧重专业职能向更强调战略性的方向转变。为确保这一转型的成功，企业需深化理论探索，精进技术与方法，并重塑人力资源管理在现代企业框架内的定位。当前，关于人力资源管理在现代企业中角色的转型，国内外学术界和业界形成了若干核心观点。

## （一）雷蒙德·A.诺伊等的四角色论

在《人力资源管理：赢得竞争优势》这部著作中，雷蒙德·A.诺伊等深入探讨了人力资源管理在当代企业中的功能，归纳出了四大核心角色：战略合作伙伴、行政管理专家、员工激励者和变革推动者。

## （二）IPMA-HR的四角色论

IPMA-HR从自身视角出发，界定了人力资源管理的四大职责：专业人事管理者、业务协同伙伴、领导者及变革倡导者。

## （三）华夏基石的六角色论

北京华夏基石企业管理咨询有限公司作为国内享有盛誉的企业，专注我国人力资源管理领域的研究。其研究揭示，欲使人力资源管理在企业中发挥效用，构筑企业人才优势，必须在现代企业架构中承担起核心职责。该公司将人力资源管理的角色概括为六大类：专业顾问、战略伙伴、业务伙伴、变革推动者、知识管理者以及员工服务者。

### 1.专业顾问

专业顾问意味着人力资源管理者既是精于构建与优化企业人力架构的"工程师"，又是善于推销企业文化和价值主张的"销售员"。

### 2.战略伙伴

在当代企业环境中，人力资源管理者需扮演战略伙伴的角色，这意味着他们不仅要具备深厚的专业素养，还要对企业战略与运营细节了如指掌，以便为企业与员工提供高效支持。具体而言，这一角色体现于以下四点。一是人力资源管理者应深度解析企业战略，明晰其对人力资源管理的潜在需求，具备敏锐洞察战略意图的能力。二是成为企业战略伙伴的前提是对业务流程与员工状况的透彻了解，乃至对客户需求的敏感捕捉。为此，人力资源管理者需培养开放思维，从多维视角审视人力资源管理挑战。三是强大的专业技能不可或缺，人力资源管理者应精通规划与管理，能制定符合企业战略的人力资源方案，推动企业长远发展。四是战略伙伴关系的建立需以客户价值为核心，人力资源管理者应设计综合性的解决方案，既服务高层决策，提升人力资源管理的战略地位，也为员工提供个性化的人力资源产品和服务，满足其职业发展需求。

3. 业务伙伴

在现代企业框架下，人力资源管理者应擅长与业务团队沟通协作，将人力资源管理无缝融入企业日常运作中。通过专业视角为业务难题提供解决方案，人力资源管理者能助力提升部门业绩，进而增强整体组织效能与生产力。

4. 变革推动者

变革推动者也是人力资源管理者的关键身份之一。他们应主动引领企业变革，以适应时代需求、市场波动及满足企业成长的内在诉求。企业变革的核心在于人才与文化的重塑，人力资源管理者可通过创新机制激发员工潜能，转变思维方式与行为模式，从而有效地催化企业变革进程。

5. 知识管理者

在现代企业中，人力资源管理者同时肩负着知识管理者的使命。尤其在知识经济背景下，知识被视为企业最为宝贵的资产。企业需熟练驾驭知识，推动知识创新，这是驱动现代企业前进的引擎。基于知识创新的主体是人才，人力资源管理的核心任务之一便是激发人的潜力，优化知识管理，从而全面提升企业的核心竞争力。

6. 员工服务者

人力资源管理的目标不仅是服务企业，也需关怀员工，唯有实现双方利益的和谐统一，才能彰显人力资源管理的最高价值。具体而言，包含两个层面：一是从管理层视角出发，人力资源管理应为企业的人力资源挑战提供策略，调解劳资纠纷，营造和谐的工作环境；二是从员工立场出发，人力资源管理需保障职工权益，提供贴心的支持与服务，助力员工实现个人价值与职业成长。

## 二、人力资源管理的职责分担

现代企业对人力资源管理的重要性认知日益加深，重视程度也随之提升。然而，人力资源管理并非某个单一部门的职责，其触角延伸至企业的各个角落，触及所有部门的人力资源配置，因此，跨部门的通力合作显得尤为重要。基于参与管理的人员众多，明确界

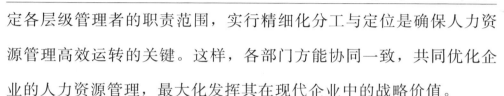

定各层级管理者的职责范围，实行精细化分工与定位是确保人力资源管理高效运转的关键。这样，各部门方能协同一致，共同优化企业的人力资源管理，最大化发挥其在现代企业中的战略价值。

## 第二节　网络环境下的现代企业人力资源系统管理

人力资源乃企业命脉，攸关企业兴衰。在当今激烈的商战中，各公司视人才为珍宝，不惜重金招揽。人力资源管理的核心任务在于甄选优秀员工，调和劳资双方的利益，灵活应对瞬息万变的外部环境。提升人力资源管理水平是我国企业亟待解决的问题。伴随着科技的进步，尤其信息化与互联网的普及，企业需与时俱进，运用数字工具革新人力资源管理体系，以适应新时代的需求。

### 一、人力资源管理系统的内涵

我们已初步理解了人力资源及其管理的本质。人力资源管理系统实质上是一种信息处理平台，专门用于采集和分析员工数据。它通过这些数据分析规划和预测人力资源的需求，进而辅助企业做出关于人才培养与管理的决策，提供有力的数据支持。

### 二、人力资源管理系统的发展历史

人力资源管理系统历经演变，迄今为止，可划分为三大发展阶段。

第一阶段，回溯至 20 世纪 60 年代末，技术局限与需求有限导致用户稀少。此时期系统功能单一，仅作为薪资自动计算工具，缺乏非财务信息与薪资历史记录，报表生成及数据分析功能几乎空白。

第二阶段，时间推进至 20 世纪 70 年代末，系统功能显著提升，弥补了前代的缺陷。它开始纳入非财务人力资源信息及薪资历史，报表与数据分析功能得到加强。然而，对人力资源整体需求与理念的考量尚显不足，非财务信息整合也不够系统与全面。

第三阶段，迈入 20 世纪 90 年代末，系统功能迎来质的飞跃。它基于人力资源管理视角，采用集中数据库整合几乎所有相关人力资源数据，构建了全面的信息集成平台。友好的用户界面、强大的报表与分析工具，以及信息共享机制，让人力资源管理者能聚焦战略规划与政策制定，从战略高度审视与规划企业人力资源发展。

## 三、人力资源管理系统开发的客观需求

企业的生产源于需求，同样地，人力资源管理系统的开发也是企业需求驱动的必然结果，而非凭空而来。在这一决策背后，企业面临着三大迫切的客观需求。

### （一）引进先进的人力资源管理思想及方法

为了持续发展，企业必须高效管理各项事务，这就离不开先进的管理理念与方法作为支撑。特别是，在人力资源这一关乎企业生存与发展的关键环节上，企业渴望引入前沿的管理智慧。人力资源

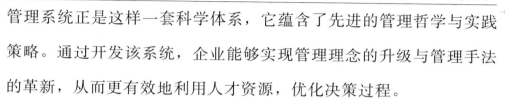

管理系统正是这样一套科学体系，它蕴含了先进的管理哲学与实践策略。通过开发该系统，企业能够实现管理理念的升级与管理手法的革新，从而更有效地利用人才资源，优化决策过程。

（二）建立现代人力资源管理模式

随着时代变迁，企业管理重心从物质资产转向资本，再至今日的知识财富。在知识经济的浪潮中，信息与知识已成为企业不可或缺的资源。欲图长远发展，企业需拥抱知识，精进知识管理。人力资源管理系统作为信息处理的利器，自然在知识管理上占据优势地位。此外，构建人力资源管理系统有助于企业打造现代化的人力资源管理架构。它不仅促进了内部跨部门的沟通与信息流通，还显著提升了工作效率和响应速度，恰当地回应了建立现代人力资源管理体系的迫切需要。

（三）提高管理效率，降低管理成本

现代企业以经济效益为核心，追求最大化是其战略宗旨。为达到此目的，企业需竭力提高效率、削减开支，这是其内生发展的需求。人力资源管理系统的引入恰好满足了这一需求，它能实时提供关键信息，加速决策上传下达，显著提升管理效能。更重要的是，该系统增强了企业对市场波动的敏捷反应，加速决策进程，支持战略灵活调整。此外，作为高科技软件解决方案，它还减少了实体资源的消耗，直接降低了运营成本，实现了降本增效的目标。

## 四、网络环境下的企业人力资源管理系统的构建

### （一）建设思路

在网络环境下搭建企业人力资源管理系统，需明确其构建理念，即系统应具备哪些核心功能、如何满足实际需求。

### （二）基本模块

基于现代企业的人力资源管理系统构建理念，结合理论与实践经验，可精练出人力资源管理的十大核心模块：战略规划、职位管理、胜任能力、招聘与配置、绩效管理、薪酬管理、培训与开发、再配置与退出、员工关系管理，以及知识与信息管理。这十大模块协同运作，构成了全面的人力资源管理体系，有效支撑企业的人才选、用、育、留、退全过程。

#### 1. 战略规划系统

战略规划在人力资源管理中占据核心地位，它如同灯塔，引领着人力资源工作的航向。对于人力资源管理系统而言，战略规划系统的设立同样至关重要。其重要性体现在两个方面：一是确保人力资源管理与企业整体战略紧密对接，助力战略目标的达成；二是为人力资源工作指明方向，使企业能够预见并适时准备所需的人力资源，为长远发展奠定坚实的人才基础。

人力资源战略规划的制定涵盖五个关键环节：第一，确立人力资源战略，明确发展方向；第二，全面盘点当前人力资源状况；第

三，预测未来人力资源的供需变化；第四，设计针对性的人力资源解决方案；第五，持续评估并控制实施过程。

2. 职位管理系统

职位管理系统是构建人力资源管理体系的重要引擎之一，为其他人力资源模块提供坚实支撑。不同于传统观念中"职位即人力资源管理之基"的单一视角，虽然传统模式强调职位分析以制定岗位说明书作为管理起点，但现代企业的快速发展使此方式显得局限。岗位说明书在很多企业已不再适用，无法满足复杂多变的管理需求。因此，企业需转向构建全面的职位管理系统，通过整体规划与合理分类职位体系，以适应并推动人力资源管理的持续发展。

职位管理系统涵盖三大核心要素：第一，深入理解企业的业务架构、组织结构及运营流程；第二，构建完善的职能、职类及职种体系；第三，设计并搭建科学合理的职位体系。

3. 胜任能力系统

胜任能力系统已成为人力资源管理中与传统机制并驾齐驱的关键组件。它不仅界定了招聘和选拔人才所需的素质标准，还为员工配置、薪酬设计提供了核心依据，构建了基本框架。与聚焦单个职位的传统胜任力模型不同，胜任能力系统着眼企业整体的能力建设，覆盖了五大领域：全员核心能力、领导力、专业技能、关键岗位能力和团队结构优化。

### 4.招募与配置系统

现今，组织的成就日益依赖服务品质及创新产品的能力，这与以往的产业经济模式大相径庭。在这样的市场环境下，吸引并部署适宜的人才是企业发展的关键。因此，招募与配置机制成为人力资源管理体系中不可或缺的一环，直接影响企业能否吸纳并合理安排所需人才。

招募与配置涉及理解人力需求、决策获取策略、评估就业市场状况、实施招聘活动、筛选并安置员工。所有这些步骤均旨在确保人才匹配，职位管理和胜任能力体系构成了这一过程的基石。通过这两个体系，最终企业能精准挑选出符合需求的人才。

### 5.绩效管理系统

绩效管理作为人力资源管理的核心部分，应在体系内设立专门的绩效管理系统。这是一个确保企业目标与计划明确传达，并设定可衡量标准的过程。通过管理者和员工之间的有效沟通，目标得以分解，个人表现据此受到评估与激励。绩效管理不仅能激发员工潜能，还能提升管理效率，为此，构建绩效管理系统至关重要。绩效管理的作用远不止于此，它还是推动企业战略落地、持续优化业绩，乃至全面提升企业管理水平的关键工具。

### 6.薪酬管理系统

薪酬问题始终是员工关注的焦点，优秀的薪酬管理是吸引顶尖人才、激励在职员工并保持人才稳定的关键。良好的薪酬策略贴

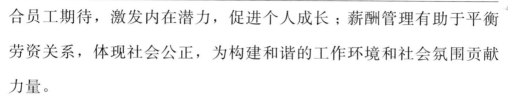

合员工期待，激发内在潜力，促进个人成长；薪酬管理有助于平衡劳资关系，体现社会公正，为构建和谐的工作环境和社会氛围贡献力量。

7. 培训与开发系统

步入新经济时代，企业面临的生态越发错综复杂且瞬息万变，前所未有的考验接踵而至。这促使人力资源的培训与开发需适应新形势，满足如组织学习、核心技能培养、员工能力升级及领导力强化等新诉求。企业必须以国际化的视角，围绕核心竞争力的培育，重新审视并构建培训开发体系。有效的培训不仅传授员工必备的职业知识与技能，增强其终身就业的资本，还为企业吸引并留住优秀人才奠定了坚实基础。

8. 再配置与退出系统

企业员工队伍并非静止不变的，人员流动包括离职和补充，这是企业发展的自然规律。这种变动既可能源于个人意愿，也可能出自公司决策，但无论如何，它们都是推动企业新陈代谢、促进持续成长的必要环节。因此，人力资源管理系统中融入了再配置与退出系统，旨在应对这些常态化的人员调整。这套系统不仅有助于保持人力资源的活力，激发在职员工的紧迫感和竞争精神，还有利于优化企业的人才结构。

9. 员工关系管理系统

企业繁荣倚仗和谐的职场氛围，故而员工关系管理成为人力资源管理中的核心议题。在各项人力资源政策的支撑下，构建正向的员工关系，为企业的稳健发展与绩效增长奠定基石。优质的员工关系不仅能吸引杰出人才，提升人力资源的整体质量，还能强化团队精神，激发员工积极性，进而优化企业的整体表现。

10. 知识与信息管理系统

置身知识经济的浪潮中，人力资源管理欲达成目标，信息化建设不可或缺。企业要在商海搏击中立于不败，知识管理尤为关键。因此，完善的人力资源管理体系应囊括知识与信息管理系统，以赋能人才，驱动创新，确保企业的竞争优势。

# 第三节　现代企业人力资源管理的信息化

## 一、人力资源管理信息化概述

人力资源管理信息化，即"电子化人力资源管理"，是指借助互联网技术和先进的软硬件设施，将人力资源流程数字化。这一概念旨在创建一个集中的信息库，用以高效处理数据，提升工作效率，减少开支，并优化服务质量。如同万事万物处于不断演变中，人力资源管理信息化的理念也非静止不变的，当前对其认知主要涵盖四个维度。

（1）人力资源管理信息化显著提升了服务效率与质量。该系统能迅速、精准地收集信息，并简化沟通流程，为各类用户量身定制

所需信息，助力决策的制定。

（2）人力资源管理信息化有效削减了成本开支。面对烦琐复杂的管理任务，传统方式耗资巨大。而信息化系统的引入极大地加速了信息流转，减少了人力与时间投入，为企业成本减负。

（3）人力资源管理信息化引领管理理念的新飞跃。它不仅是管理手段的创新，还是管理思维的深刻变革，促进了人力资源配置的持续优化。

（4）人力资源管理信息化是现代科技的深度融合。依托计算机、互联网、高级软硬件及数据库技术，实现了人力资源管理智能化升级，显著提升了工作效率，成为企业进步的重要标志。

## 二、人力资源管理信息化的意义

### （一）促进人力资源管理理念变革

人力资源管理信息化不仅极大便利了企业的管理与操作，还深刻引入了前沿的管理理念与思路。它革新了人力资源管理的传统观念，以开放性的姿态取代了过去的封闭模式，促进了人力资源的优化配置。这一过程推动了人力资源管理向更加互动、专业、全面的方向发展，显著提升了其在现代企业运营中的核心地位。

人力资源管理信息化还重塑了管理角色。以往人力资源管理主要局限于信息提供，而今，通过信息化手段，其战略价值得到凸显，对企业决策的支持作用更加显著。同时，信息化手段为人力资源管理实践提供了科学的方法和丰富的经验积累。

（二）有效衔接了人力资源管理与主流管理系统

企业内部信息繁多，人力资源信息仅为其中一隅，故人力资源管理信息化是企业整体数字化进程的一部分。通过人力资源管理信息化，可实现与企业其他系统的无缝对接，促进人力资源信息与其他业务信息的交互融合。各系统间可相互支持，协同增效，助力企业信息网络的互联互通，为企业的全面发展奠定坚实基础。

（三）优化了管理结构与信息渠道

面对激烈的市场竞争，企业需在瞬息万变的环境中迅速响应，持续成长，而这离不开企业内外部的高效沟通。随着企业规模的扩张，跨部门、跨地域的沟通障碍日益凸显。人力资源管理信息化扮演桥梁角色，打破时空界限，增强内外部的沟通与协作，同时促进知识与信息的共享，显著提升企业的整体竞争力和反应速度。

（四）使管理方式更加人性化

人力资源管理的数字化转型为员工与企业之间搭建了高效沟通的桥梁，实现了管理的即时性和透明度，促进了双方利益的协调与一致。它是管理智慧与信息技术的结晶，引入了前沿的管理思维，提升了人力资源工作的专业水准，更好地回应了企业和员工的期望，让管理流程更加贴近人性。

（五）显著提升人力资源管理效率

人力资源管理涵盖诸多烦琐事务，如人才招募、培训、薪资设定与绩效考核，每一项都需要遵循特定流程，耗时费力。然而，人力资源管理信息化的普及为员工提供了自助服务，促进了信息的自由流通，加速了无纸化办公的步伐。这不仅节约了大量时间和资源，还极大地提高了人力资源管理的效率和精准度。

（六）更好地适应员工自主发展的需要

员工作为主动创造价值的个体，既为企业辛勤付出以谋生计，也怀揣个人愿景，追求职业成长。他们对薪酬福利、职业生涯等企业政策持有见解，渴望发声。人力资源管理信息化恰好搭建了一个平台，让员工的意见和反馈得以顺畅传达，鼓励其参与企业决策过程。通过人力资源信息化，企业能精准掌握员工需求，定制化地规划工作任务与学习机会，赋能员工自我管理与自主发展。

（七）有力促进企业电子商务的发展

人力资源管理的数字化转型显著加速了企业电子商务的步伐。这一转型，即电子化人力资源管理，使得人力资源的日常操作全面电子化，效率倍增。此外，它还为构建虚拟组织、推行虚拟化管理模式铺设了道路，展现了前瞻性的管理趋势。

（八）提高企业人力资源管理水平，加快企业人力资源的开发人力资源管理信息化的首要成果是显著提升工作效率，令管理流程更加科学、公正且透明。政策制定的民主化与可行性得到加强，人力资源管理水平由此飞跃，对推动企业人才资源的高效开发产生了深远的正面影响。

## 三、我国企业人力资源信息化管理的现实需要

从定义角度审视，人力资源信息化管理涵盖了广泛的内容，其实际应用也展现出复杂的系统特性。当前，我国多数企业已初步建立了人力资源信息化管理的理论框架和基础设施，但在实践层面，信息化管理的深度、广度及其功能的完善仍有待提升，企业对信息化管理思维的应用仍显不足。接下来，我们将深入剖析我国大多数企业在人力资源信息化管理方面的真实需求现状。

（一）企业发展战略需求

在信息化社会的浪潮下，其基础要求正逐步渗透至经济领域的方方面面，企业对人力资源管理信息化的渴求日益凸显。值得注意的是，这里提及的企业战略需求远非简单的政策微调或管理模式的表面革新。确切地说，它是基于当前需求与对未来管理趋势深思熟虑后的精准定位。人力资源信息化管理对成长型企业带来的益处可概括为以下三个方面。

（1）助力企业构建个性化管理风格，根据企业自身挑战与市场独特需求，灵活规划发展路径。

（2）降低技术融合门槛，特别是在与信息化管理接轨时，成本更为经济，同时减轻了员工向信息化过渡的负担。

（3）满足员工职业成长中的信息需求，通过高效的信息反馈机制，支持员工利用信息化手段实现更高级别的知识获取与经验总结。

（二）管理水平以及管理层次的需求

当前，企业管理正经历着层次与模式的深刻变革，人力资源信息化的潮流为解决管理难题提供了及时而有效的方案。在信息化管理的框架下，恰当的信息技术应用能够整合员工资料、绩效评估、整体运营等多维度数据，实现信息的全面呈现与分析。尤其在面对跨区域、多元化员工群体的管理挑战时，信息化手段能提供宏观视角，确保不同时间与空间下的员工得到系统性的统筹规划。通过综合运用信息化管理，企业能够实现全面优化，灵活调配人力资源，针对员工特性和工作需求适时做出调整，从而提升管理效能，确保企业运行的顺畅与高效。

（三）员工需求反馈

传统管理常滞后员工需求反馈，而信息化管理在替代旧模式时，构建了更直接的沟通桥梁，有效助力员工优化工作方法。从整体上看，企业不再局限于任务的完成，而是注重提升员工的工作态度和情感体验。借助信息化系统，员工能即时查阅企业规定，紧跟企业动态调整，对考核标准有清晰透明的认知。具体而言，信息化管理满足了企业对员工工作质量与情感关怀的双重需求，员工可通过迅速掌握企业要求，同时利用反馈机制深入了解自身工作表现，确保考核过程的直观与透明。

信息化管理的另一亮点在于对个人需求的重视，它允许每位员工通过系统平台即时获取现行规定，并且有机会对这些规程提出个人见解。总体而言，这种模式显著提升了企业运作效率的反馈机制。

## 四、人力资源管理信息化的实施程序

企业推进人力资源管理信息化通常遵循一套有序流程，大致包括五大步骤：第一，整体规划；第二，进行系统分析；第三，系统设计，选择合适的解决方案；第四，组建项目团队；第五，进入正式运行阶段。

## 五、我国人力资源管理信息化建设的发展方向

随着中国经济的持续增长，企业内部对人力资源管理信息化建设的需求变得越发迫切。展望我国人力资源管理信息化建设的未来，应重点关注以下三个方面。

（一）综合性

企业内部的人力资源网络错综复杂，不同部门在管理实践中对人力资源信息化的需求呈现出多样化特征。面对这种情况，企业应

避免片面追求单一属性的信息化建设，转而采取网络化、体系化的视角，对人力资源管理结构进行全面调整，力求实现规模效应与综合效能的提升。与此同时，建立健全的评估与反馈机制至关重要。企业需制定合理的评估与反馈标准，作为员工行为的指导准则，以此为基础收集员工意见，持续优化管理流程，确保人力资源信息化建设的持续改进与员工参与度的提升。

（二）适用性

在当前复杂的经济背景下，中国的经济发展正面临多方面挑战。人力资源信息化的发展在中国起步较晚，企业对其认知与应用也存在局限。因此，未来的信息化建设应紧密贴合企业的实际需求，避免照搬硬套，确保人力资源管理信息化在中国企业能够有效落地。根据国情制定管理政策与规章制度，优化管理架构，确保措施切实有效，而非流于表面。

（三）安全性

我国网络信息安全立法的不健全及执行效率的不足，进一步凸显了人力资源信息化安全的重要性。在信息化建设中，安全原则应被置于首位。在享受新型管理模式带来的企业发展红利的同时，必须有效防范潜在风险，如信息被盗、泄露等，以防企业遭受无形损失，确保员工个人信息的安全。

## 六、我国企业人力资源管理信息化发展对策

（一）电子化数据方面的对策

在人力资源管理中，需处理大量数据，而实现信息化管理的关键在于将这些数据电子化。基于数据量巨大，电子化过程中务必谨慎处理，确保工作顺利进行。具体而言，人力资源管理信息化的数据电子化工作应注意以下三点。

（1）针对电子化数据的特性——用户基数大、波及范围广、标准化难度大，以及其对准确性、实时性和一致性的要求高，我们应采取精准对策，如设立专人管理、系统规划整合、制定统一标准。在电子化进程接近尾声时，需确保数据实时更新，维护数据秩序，防止信息混乱。

（2）基于电子化数据处理的复杂性和分散性特点，这项工作既耗时，又费力。因此，在启动前，应充分评估工作量与难度，明确分工给相关部门，并加强人员培训，确保每位参与者都能高效、准确地完成任务，从而提升电子化数据工作的整体效率和质量。

（3）在现代企业环境中，电子化数据工作的顺利推进离不开高层的积极参与与指导。项目团队需与领导层保持密切沟通，确保工作方向符合领导期望，同时及时反馈进展与挑战，以争取跨部门的协调支持，共同推动项目有序进行。

基于电子化数据任务的复杂性和人员参与的广泛性，团队内部

的高效沟通尤为关键。需确保信息流通顺畅，使每位成员都能清晰了解项目进展，从而凝聚共识，步调一致，共同推动电子化数据工作沿着既定目标稳健前行。

（二）认真分析企业是否适合导入人力资源管理信息化

人力资源管理信息化被视为现代企业管理的潮流，符合时代进步的需要。然而，认为所有具备条件的企业都应立即推行信息化的观点略显片面。尤其在我国，企业形态各异，内部关系错综复杂，发展阶段与管理模式各有千秋。因此，在探讨人力资源管理信息化时，必须先评估企业实情，判断其是否适合及能够有效实施信息化管理。

事实上，并非每家企业都能从人力资源管理信息化中获益，它对企业的基础条件有一定要求。

一是企业应构建稳固的人事管理基石，避免人事政策频繁变动，以免人力资源管理信息化系统难以适应，效用发挥不畅，甚至阻碍企业变革的步伐。

二是企业人事管理需确保权责界限清晰。在信息化系统中，不同用户权限各异，若企业内部权责模糊或混乱，将直接影响数据的精准度与实时性，削弱系统的效能。

三是人力资源管理信息化的成功实施要求人事管理人员具备专业素养与操作技能。基于其对企业变革的深远影响，包括工作方式的转变，管理人员需遵循规范操作，确保数据准确无误，以保障系统输出的有效性和人力资源管理的整体质量，否则将削弱信息化的实际成效。

上述三点仅为初步判定企业是否适宜实施人力资源管理信息化的标准。即便满足这些条件，也不能保证所有信息化系统都适用于特定企业。选择合适的人力资源管理信息化方案必须基于对企业现状的精确分析。参考与本企业情形相似的同行经验，将有助于做出更明智的决策。

（三）正确处理标准化与定制化的关系

在推进人力资源管理信息化时，必须妥善平衡标准化与定制化的关系。所谓"定制化"，即根据企业具体情况，对系统进行个性化调整。尽管定制化能更紧密地贴合企业需求，但是否采取定制化策略需审慎考虑，关键在于找到标准化与定制化之间的最佳平衡点。对于管理流程尚存瑕疵的企业，过度定制化可能固化原有不合理的规范，未来调整难度加大，从而影响管理效能；相反，如果引进的信息化系统部分流程与企业实际不符，适度调整以适应企业现状则显得十分必要。总之，唯有恰当地权衡标准化与定制化，方能确保人力资源管理信息化系统发挥最优效用，促进企业管理的现代化与高效化。

（四）实施中的对策

1. 增强员工的信息化意识

人力资源管理贯穿企业各个部门，其信息化同样触及每一位员工的切身利益。因此，企业推进人力资源管理信息化时，需着重提升员工的信息化意识。这样做不仅有利于信息化建设的顺利开展，还能激发员工的竞争意识，促进个人技能的提升。

2. 选择合适的软件

信息化管理的实施离不开软件支持。在软件选择上，企业应依据自身条件做出决策。实力雄厚的企业可考虑自主开发软件，以确保系统与企业特色高度匹配；反之，资源有限的企业宜审慎评估自身需求与软件特性，必要时可定制专属的人力资源管理信息化系统，以实现最佳匹配度。

3. 保证资金投入

推进人力资源管理信息化的首要条件是确保充足的财务支持。这一过程复杂多面，涵盖广泛部门与海量数据，因此，企业需合理规划资金，根据自身的经济状况，循序渐进地选择适宜的信息化系统。

4. 加强人本管理

人力资源管理的本质是对人的管理，故应秉持"以人为本"的理念。尽管信息化系统依赖软件操作，但软件本身缺乏灵活性，而人则富有变通性。在管理实践中，除依赖软件外，更应注重人性化管理，确保人力资源管理信息化的顺畅实施，同时提升工作效率。

5. 提高人力资源管理者的应用能力

人力资源管理信息化并非单纯引入软件那么简单，它还牵涉管理流程的优化与革新。这要求人力资源管理者不仅有前沿的管理思维，对信息化管理有透彻的认知，还需要掌握运用系统的实际技能。唯有不断提升人力资源管理者的应用能力，才能使人力资源管理信息化的效能最大化。

6. 注重信息化建设的"本土化"

发达国家在人力资源管理领域领先一步，拥有宝贵的经验财富。我国应积极借鉴发达国家的管理经验，尤其是它们在人力资源管理信息化方面的成功实践，结合本国国情进行本土化创新。我国的人力资源管理信息化建设应立足企业实际需求和发展阶段，从宏观角度设计整体框架，有条不紊地规划实施，确保每一步都稳健前行。

# 参考文献

[1] 惠婷 . 新编人力资源管理实务 [M]. 上海：上海交通大学出版社，2015.

[2] 焦艳芳 . 人力资源管理理论研究与大数据应用 [M]. 北京：北京工业大学出版社，2022.

[3] 林雪莹，王永丽 . 人力资源管理理论、案例、实务 [M]. 北京：中国传媒大学出版社，2016.

[4] 马振耀 . 人力资源管理理论与实践新探索 [M]. 天津：天津科学技术出版社，2017.

[5] 钱玉竺 . 现代企业人力资源管理理论与创新发展研究 [M]. 广州：广东人民出版社，2022.

[6] 陶建宏 . 人力资源管理理论与实务 [M]. 北京：中国经济出版社，2016.

[7] 蔡艳坤，蔡艳辉，李爱平 . "互联网 +" 时代企业人力资源管理的对策分析 [J]. 中国管理信息化，2018（18）：80—81.

[8] 陈岩，綦振法，唐贵瑶 . 人力资源管理强度与工作绩效关系的实证研究 [J]. 华东经济管理，2015（12）：151—157.

[9] 陈战强 . 大数据时代企业人力资源管理的优化研究 [J]. 技术与市场，2019（12）：205—206.

[10] 戴琪 . 企业人力资源管理中的激励问题探析 [J]. 商场现代化，2018
（18）：81—82.

[11] 冯昊 . 信息化背景下人力资源管理的挑战与应对 [J]. 中国商论，
2018（34）：156—157.

[12] 冯胜平，李一军 . 企业集团人力资源管理质量评价指标体系的构
建 [J]. 管理学报，2016（8）：1184—1190.

[13] 高群，吴真玮 . 信息化背景下的企业人力资源管理研究 [J]. 广义虚
拟经济研究，2017（2）：41—48.

[14] 贺国敏 . 人力资源管理理论研究现状分析 [J]. 商讯，2019（12）：190.

[15] 贾建锋，周舜怡，唐贵瑶 . 人力资源管理强度的研究回顾及在中国
情境下的理论框架建构 [J]. 中国人力资源开发，2017（10）：6—15.

[16] 孔茗，徐丹丹，钱小军 . 敏捷时代的人力资源管理"六字真言" [J].
清华管理评论，2019（Z2）：40—46.

[17] 李春燕 . 大数据时代背景下企业人力资源管理的变革思路探索 [J].
现代营销（下旬刊），2019（10）：201—202.

[18] 李二青 . 企业文化建设中的人力资源管理问题研究 [J]. 山东社会科
学，2014（1）：155—158.

[19] 李金美 . "互联网＋"时代下人力资源管理的新趋势及对策分析 [J].
商业经济，2017（1）：95—97.

[20] 李自强 . 企业文化对人力资源管理的促进作用 [J]. 全国流通经济，
2018（23）：55—56.

[21] 刘红琴 . 经济新常态下国际人力资源管理发展趋势 [J]. 审计与理财，
  2017（7）：46—48.

[22] 刘斯妍 . 基于"互联网＋"和大数据时代下现代企业人力资源管理
  的创新与探索 [J]. 中外企业家，2018（27）：73—74.

[23] 鲁胜科 . 数字经济时代企业人力资源管理创新研究 [J]. 企业改革与
  管理，2019（2）：89—90.

[24] 任萍，刘国亮 . 我国企业人力资源管理存在的问题与对策 [J]. 经济
  纵横，2016（5）：34—37.

[25] 邵芳，樊耘 . 人力资源管理对组织支持动态作用机制模型的构
  建 [J]. 管理学报，2014（10）：1469—1476.

[26] 孙会，徐永其 . 企业社会责任前移视角下小微企业人力资源管理对
  策 [J]. 企业经济，2012（9）：79—83.

[27] 孙田 . 人力资源管理经济效益最大化思路研究 [J]. 科技资讯，2019
  （31）：68—69.

[28] 汤臻茹 . 中国 NGO 人力资源管理研究述评 [J]. 中国人力资源开发，
  2015（17）：6—13+19.

[29] 唐代盛，李敏，边慧敏 . 中国社会组织人力资源管理的现实困境与
  制度策略 [J]. 中国行政管理，2015（1）：62—67.

[30] 唐贵瑶，陈琳，陈扬，等 . 高管人力资源管理承诺、绿色人力资
  源管理与企业绩效：企业规模的调节作用 [J]. 南开管理评论，2019
  （4）：212—224.

[31] 唐贵瑶，陈扬，于冰洁，等 . 战略人力资源管理与新产品开发绩效的关系研究 [J]. 科研管理，2016（11）：98—106.

[32] 唐贵瑶，魏立群，贾建锋 . 人力资源管理强度研究述评与展望 [J]. 外国经济与管理，2013（4）：40—48.

[33] 唐苏娜 . 国企人力资源管理中创新绩效考核的问题探究 [J]. 中国市场，2018（27）：185—186.

[34] 庹雪姣 . 基于资源基础理论的战略人力资源管理探讨 [J]. 科技资讯，2019（26）：72—73.

[35] 王朝晖 . 承诺型人力资源管理与探索式创新：吸收能力的多重中介效应 [J]. 科学学与科学技术管理，2014（10）：170—180.

[36] 王坤娜 . 大数据时代企业人力资源管理面临的机遇、挑战与创新 [J]. 企业改革与管理，2019（17）：86—87.

[37] 王丽 . 关于现代企业数字化人力资源管理转型的思考 [J]. 广西质量监督导报，2019（12）：107.

[38] 王利 . 关于创新事业单位人力资源管理的探讨 [J]. 中国管理信息化，2019（6）：84—85.